Feng Shui Glücksbringer

Kleine Akzente mit großer Wirkung
Die Geheimnisvolle Magie der Feng-Shui-Accessoires
Kristall, Windspiel, Spirale und vieles mehr
zur Stärkung der guten Chi-Kräfte

WINDPFERD

Künstlernachweis Grafik:
Kuhn Grafik: S. 8, 9
Peter Ehrhardt: S. 22 (Drache)
Samuel Kwok: alle Kalligrafien, außer:
Wang Ning: S. 35, 72, 90
Schneelöwe: S. 41, 45

Bildnachweis Fotografie:
Schneelöwe: S. 28, 46, 47
Ulrich Geiser: S. 56, 60 (unten)
Ulla Mayer-Raichle: S. 58
PRIMAVERA LIFE GmbH: S. 29 (Zimmerbrunnen „Avalon"),
S. 69 (Räucherwerk), S. 86 (Feng-Shui-Geschenkset)
L. A. Matzing/Diethelm Travel: S. 64 (unten)

2. Auflage 2000
© Windpferd Verlagsgesellschaft mbH, Aitrang
Alle Rechte vorbehalten
Umschlaggestaltung: Kuhn Grafik und Buchdesign, Zürich,
unter Verwendung eines Fotos von Ulla Mayer-Raichle
Fotos im Innenteil: Feneberg Fotografie
Lektorat: Brigitte Gabler, Gabriele Wurff
Gesamtherstellung: Schneelöwe Aitrang

ISBN 3-89385-323-5

Printed in Germany

Inhaltsverzeichnis

Vorwort 5
Die Lehre von den glücklichen Räumen 5
Wie der Zufall so spielt 6
Der ideale Grundriß 6
Kleine Dinge – große Wirkung 7
Das Fu des Feng Shui 8
Die Verwirrung um die magischen Verstärker des Glücks 10
Die Berechnung der Zonen 12
Die drei Quellen der Kraft 13
Frische Luft 13
Wärme 14
Licht 15
Symbole der Liebe – Balsam für Herz und Seele 18
Delphin-Paar 20
Hochzeitsfoto 21
Kerzen 21
Drache und Phönix 22
Tauben 22
Zwei Ringe 22
Der unterstützte Weg zu Geld und Reichtum 24
Aquarien 25
Der Geldbaum 26
Die Glasschale 27
Goldmünzen-Berg 28
Wasser 28
Schutz und Kraft für das Haus und seine Menschen 31
Beschützer und Wächter 32
Rosenkugeln 32
Steine 34
Tafeln 35
Spezielle Symbole des Glücks 37
Glücks-Beutelchen 37
Glücks-Käfer 38
Glücksmünze 39
Die klassischen Hilfsmittel und Symbole im Feng Shui 40
Alter Mann 41
Astrologische Zeichen 41
Bambus 42
Bänder, Girlanden und Lampions 43
Buddha 44
Delphine 44
Drache 45
Drachen-Tränen 46
Einhorn 47
Fächer 48
Flöten 48

Frosch	49
Fuk, Luk, Sau – die drei Weisen	50
Geldscheine	50
Gnome und Kobolde	51
Goldene Früchte	51
I-Ging-Zeichen	52
Jade	52
Kleeblatt	54
Kaktus	54
Knallkörper	55
Kristalle	55
Kugeln	60
Krug und Beutel	61
Kwan-Yin	61
Lo-Pan	62
Meßbänder	62
Mineralien	63
Mobiles	63
Mönche	63
Ochse und Bauer	64
Pagode	64
Pa-Kua-Spiegel	65
Phönix	67
Regenbogen	68
Räucherstäbchen	69
Rote Stempel	70
Schildkröte	70
Schlange	71
Schneekristalle	71
Schriftzeichen	72
Sonne	72
Spiralen	73
Tiger	75
Türschild	76
Unsterbliche	76
Wasserfälle	77
Windspiele	78
Yin-Yang	79
Wir sind, was wir ausstrahlen	81
Bilder	82
Blumen und Pflanzen	83
Bücher	85
Düfte	86
Engel	87
Fenster	88
Haustiere	90
Musik	93
Danksagung	94

Vorwort

Die Lehre von den glücklichen Räumen

Stellen Sie sich vor, die Räume in Ihrer Wohnung oder Ihrem Haus hätten eine Stimme und könnten mit Ihnen sprechen.

Was möchten Ihnen Küche, Bad, Flur, Wohnzimmer, Schlafzimmer und Abstellkammer wohl alles sagen und erzählen? Sie würden sich sicherlich bei Ihnen bedanken, daß gelacht und gelebt wird, daß sie gepflegt, umsorgt und gebraucht werden und daß sie liebevoll dekoriert und möbliert wurden. Doch vermutlich würden sich auch einige Räume über Langeweile oder den lieblosen Umgang beklagen, beispielsweise Abstellkammer und Flur. Die meisten Wünsche und Anforderungen der einzelnen Räume sind uns, bewußt oder unbewußt, bereits bekannt. Doch unsere Zimmer können nicht sprechen – und ignorieren ist so einfach.

Nur manchmal, da spricht unsere eigene innere Stimme für die Räume, dann packt uns der Frühlingsputz, das Einrichte-Fieber oder die Lust am neu Dekorieren.

Jeder Raum, jedes Zimmer und jede noch so kleine Wohnung möchte und kann mehr sein, als nur eine gemietete oder gekaufte Fläche, vor der ein Briefkasten mit unserem Namensschild steht. Je mehr wir für unsere Räume tun und ihnen an Liebe und Fürsorge schenken, desto mehr können sie uns zurückgeben. Dieses kosmische Gesetz gilt nicht nur für Lebewesen, sondern steht über allem. Wenn wir durch das Wissen des Feng Shui unsere Räume erwachen lassen, erleben wir die wunderbare Verzauberung unserer Wohnwelt und wie sie zu einem Ort der Kraft wird. Durch die Art und Weise, wie und wo wir unsere gesamte Wohnung möblieren, in welcher Zone wir ruhen oder aktiv sind, bestimmen wir die Breite unseres persönlichen Glückspfades. Wenn uns die harmonische Ausstrahlung eines Zimmers wie ein Quell frischer Energie mit Lebenskraft verwöhnt, den Geist beflügelt und die Seele nährt, dann blühen wir auf, und es werden Kräfte in uns wach, die uns bis dahin verborgen waren.

Chi

Ein glücklicher Raum wird von seinem Menschen geliebt, umsorgt und gepflegt, damit er seinem Menschen Wärme, Licht, Geborgenheit, Fülle, Inspiration, Freude und Kraft zurückgeben kann.

Wie der Zufall so spielt

In meinen Kursen und Beratungen erzählen mir die Leute immer wieder, daß es „ein absoluter Zufall" gewesen sei, daß sie eben diese ganz bestimmte Wohnung gemietet haben. Manchmal stehen wirklich auch die erstaunlichsten Geschichten vor dem Abschluß eines Mietvertrages. Jede Wohnung, sei sie nun verwinkelt, linear, großzügig, heimelig, zweckgebunden oder was auch immer, hat ihre eigene Ausstrahlung. Selbst fehlende Bereiche werden teilweise ganz bewußt-unbewußt als äußerst charmant empfunden, weil dieses „Nichtvorhandensein" von den zukünftigen Bewohnern bei der ersten Besichtigung als eine sehr befreiende Tatsache empfunden wird. Der Wohnungsgrundriß ist ein Spiegel der Lebenssituation, und zwar im Guten wie im Schlechten. Viele kreative Köpfe sind wie magisch von Treppen angezogen, die nach unten, „in den Untergrund und in die Tiefe" führen, während andere Menschen diese Wohnsituation als absolut unmöglich empfinden.

Es gibt keine Zufälle – oder anders gesagt – uns wird immer das Passende zufallen.

Jedes Zuhause, das wir haben, ist ein Spiegel unserer Persönlichkeit, unserer Ziele, unserer Bedürfnisse und unseres Lebens.

Der ideale Grundriß

Wer seine Wohnung oder sein Haus nach Feng Shui ein- und ausrichtet, wird sehr schnell feststellen, daß so vieles in der Theorie einleuchtet, aber im effektiven Leben manchmal einfach nicht umsetzbar ist. Der quadratische oder rechteckige Grundriß kann bei einer Mietwohnung und selbst bei einem Haus nicht einfach nach Belieben verwirklicht werden. Bei Häusern sind bauliche Maßnahmen erforderlich, die nicht immer genehmigt werden oder überhaupt nicht realisierbar sind, und zudem kostet ein Umbau auch einen großen Batzen Geld. In Mietwohnungen ist es absolut unmöglich, den fehlenden Grundrißteil in die eigene Wohnfläche zu integrieren, denn meist handelt es sich dabei entweder um einen Teil der Nachbarwohnung oder um das für alle Bewohner zugängliche Treppenhaus. Auch die Eingangstüren können, wenn ihre Ausrichtung nach den Himmelsrichtungen nicht passend ist, nicht nach Belieben versetzt oder umgebaut werden. Die ideale Wohnsituation ist somit die eigentliche Ausnahme und die Kompromißlösungen sind die Regel. Je länger Sie sich mit Feng Shui befassen, desto mehr kommen Sie mit allerhand Hilfsgegenständen in Kontakt, die allesamt dazu dienen, die Brücke zwischen der Idealsituation und dem Ist-Zustand zu schlagen.

Selbst bei einem Haus, bei dem von der baulichen Seite her grundsätzlich alles stimmt, ist natürlich das Potential an Möglichkeiten noch lange nicht ausgeschöpft. Das Gebäude mit seiner Himmelsrichtung, seiner Innenunterteilung und dem gegebenen Energiefluß ist der eine Gesichtspunkt. Doch in jedem Haus wohnen Menschen und das darf beim Feng Shui nie vergessen werden. Selbst wenn manch ein Gebäude schon lange vor uns da war und uns auch überleben wird, wirklich zum Leben erweckt wird es immer von den Menschen, die darin wohnen.

Kleine Dinge – große Wirkung

Jede Kultur hat ihre Glücksbringer und ihre Symbole. Meist sind es bestimmte Dinge, kleine Gegenstände, Amulette und bildliche Darstellungen. Doch jede Kultur hat auch gewisse „Regeln", die das Wohlbefinden steigern. So wurde beispielsweise in den alten Bauernhäusern bei uns der Kachelofen mittig gebaut, damit die Wärme wie eine Sonne in alle Räume strahlen konnte. Dies ist eine klassische Feng-Shui-Regel, doch alle Menschen empfinden die strahlende Wärme als Wohltat. So ist es nicht erstaunlich, daß diese „Regel" in allen Kulturen zu finden ist. Das gleiche gilt für den Brunnen vor dem Haus und vieles, vieles mehr.

Oft sind es die kleinen Dinge, die eine große Wirkung erzielen. Selbst wenn zwei Wohnungen fast gleich eingerichtet sind, kann es in der einen liebevoll und in der anderen kalt und steril wirken. Es ist jedoch nicht die Menge der Dinge, die das Wohlbefinden auslösen, es ist der Standplatz und die Anordnung.

Das Zauberwort zum Erreichen der idealen Wohnsituationen heißt:

Verbessern und optimieren bis zum Maximum.

Mit den kleinen Dingen, die ganz bewußt eingesetzt werden, haben wir ein fantastisches Werkzeug in den Händen, mit dem wir eine Fülle und eine Kraft an positiven Energien schaffen können. Wir kennen viele von diesen kleinen Gegenständen vom Sehen, oft fehlt aber die Information, wozu diese Dinge überhaupt gut sind und wie man sie denn richtig nutzt. Man könnte das fast wie mit einem Besuch im Baumarkt vergleichen. Da gibt es Hunderte von verschiedenen Werkzeugen, die alle für irgendeinen Einsatz wichtig sind, für den Schreiner, den Maler, den Spengler, den Installateur, aber wir Laien stehen mit großen Fragezeichen in den Augen vor diesen Regalen. Obwohl wir eigentlich nur einen „ganz normalen Schraubenzieher" kaufen wollten, werden wir durch die Fülle des Angebotes verunsichert und am Schluß nehmen wir entweder gleich ein ganzes Set oder gar nichts mit nach Hause.

Bei den kleinen Feng-Shui-Hilfsmitteln geht es vielen Menschen nicht anders. Der Wunsch und der Wille sind da, die jetzige Situation zu optimieren oder zu verändern.

Doch womit? Und wohin? Und wieso?

Dieses Buch ist dazu da, all diese Fragen zu beantworten und die unendliche Fülle an Glücksbringern und Hilfsmitteln zu erklären, damit auch Sie all diese tollen und hilfreichen Gegenstände für sich nutzen können, denn schließlich stehen sie ja zur Verfügung.

Feng-Shui-Hilfsmittel sind fast wie Liftschalter, die man nur ganz sanft berühren muß, und schon wird man ohne große Anstrengung in die oberste Etage gebracht. Wer nicht weiß, wie man einen Lift bedient, dem bleibt nichts anderes als die Treppe und der ganze Einsatz seiner Kräfte.

Das Fu des Feng Shui

Fu bedeutet übersetzt „Glück". Glück können wir alle und jederzeit gut gebrauchen und es gibt sicherlich niemanden, der nicht gerne glücklich ist. Im Feng Shui dreht sich sehr vieles um das Glück, denn in der chinesischen Philosophie ist der Begriff Glück viel bedeutender, viel breitschichtiger als bei uns. Im Pa-Kua, dem magischen Quadrat, ist die Philosophie des Glücks in allen 9 Sektoren enthalten:

Die Lehre von den glücklichen Räumen

1	Der Lebensweg	Wer seinen Lebensweg gefunden hat, ist glücklich, weil er sein Ziel vor Augen sehen kann, und der Weg somit klar und hell wird.
2	Die Partnerschaft	Das größte Glück des Lebens ist die Liebe.
3	Die Hierarchie	Wer im ewigen Kreislauf seinen Platz gefunden hat, ist frei von Neid und Mißgunst und wird von den starken Armen der Familie gehalten.
4	Der Reichtum	Wer den inneren und äußeren Reichtum harmonisch in sich vereint hat, hat das wahre Glück gefunden.
5	Die Gesundheit	Das höchste Gut und das größte Glück für uns vergängliche Menschen ist die Gesundheit.
6	Hilfreiche Freunde	Wem in Zeiten der Not und des Leides Freunde zur Seite stehen, ist reich an Hilfe, Kraft und Unterstützung. Wem die guten Geister zur Seite stehen, ist nie allein. Hilfreiche Freunde bringen das Glück zurück.
7	Die Lebensfreude	Wer das Lachen, die Freude und die Liebe am Leben im Herzen trägt, ist glücklich, froh und innerlich reich.
8	Das Wissen	Wer in seiner inneren Mitte steht wie ein Berg, wird von einer reichen spirituellen Quelle des Glücks versorgt, bei der weder Zweifel noch Ängste einen Boden zum Wachsen finden.
9	Die Ehre	Wer gelobt wird, wird geehrt. Wem Respekt, Toleranz und Ehre zuteil wird, hat seine Taten in die Vollendung geführt und seinen persönlichen, glücklichen *Lebensweg* gefunden. (Das Wort Lebensweg entspricht gleich wieder dem Sektor 1 und somit ist der Kreis geschlossen)

Die Verwirrung um die magischen Verstärker des Glücks

Im Feng Shui gibt es ein paar Bereiche, bei denen „Verwirrung auf der ganzen Linie" herrscht. Einer davon ist jener der Hilfsmittel und Accessoires, über den zum Teil die abstrusesten Geschichten kursieren. Der Lernende verläßt sich auf die Aussagen der Kursleiter und auf das, was er in den Büchern liest, und hier sind nicht selten völlig verschiedene Aussagen zu finden. Die Widersprüche sind manchmal so groß, daß es sich tatsächlich fast um gegenteilige Aussagen handelt. Ein einfaches Beispiel sind die Spiegel. Sie werden bei den Chinesen im Feng Shui drinnen wie auch draußen verwendet. In manchen Schulen wird gelehrt, daß Pa-Kua-Spiegel ausschließlich außerhalb des Wohnbereiches plaziert werden dürfen. Anderswo werden diese Spiegel zum Teil fast massenweise innerhalb der Räume aufgehängt.

Es gibt vier Schulen im Feng Shui: die Kompaß-Schule, die 8-Häuser-Methode, die Schule der fliegenden Sterne (Ki) und die Farben/Formen-Schule. Jeder dieser vier Feng-Shui-Zweige ist etabliert und je länger man sich mit Feng Shui befaßt, desto mehr beginnen die einzelnen Schulen ineinander zu verschmelzen. Sie können sich das so vorstellen, als ob jede der vier Feng-Shui-Richtungen eine Schale mit einem farbigen Elixier an Wissen hat. Schüttet man alle vier Elixiere zusammen, dann löst sich die Farbe auf und alles wird klar, durchsichtig und transparent. Wer allerdings an einem Extrem festhält, wird nie das reine Wasser finden können, denn die Lehre des Feng Shui beinhaltet alle großen Werte wie Toleranz, Respekt und innere Größe.

Die Grundlage für jede Entscheidung ist das Wissen um die Wirkung der Hilfsmittel, und nur wer begriffen hat, wie etwas funktioniert, kann anschließend selber entscheiden, ob er das entsprechende Accessoire einsetzen möchte oder nicht.

Es gibt ein paar einfache Erklärungen für die so unterschiedlichen Aussagen über Feng-Shui-Hilfsmittel, die bereits einen großen Teil an Verwirrung aufklären können:

Das Hören-Sagen

Ein Hilfsmittel dient immer dazu, eine Wohnsituation zu optimieren und zu verbessern. Je spezieller das Hilfsmittel ist, desto spezieller ist also auch die Wohnsituation. Wenn ich nun einen Spiegel schräg an die Wand plaziere, um mit den eingefangenen Sonnenstrahlen einen toten Winkel im Raum zu erhellen, so heißt das noch lange nicht, daß es für jedermann empfehlenswert ist, einen Spiegel schräg aufzuhängen. Erzählt allerdings der Besitzer der optimierten Räume in seiner Euphorie über den Erfolg mit seinem schrägen Spiegel, so dauert es nicht lange und mindestens 10 Personen ahmen diese Spiegelgeschichte nach. Und wie ein Schneeball, der zu einer Lawine wird, verbreitet sich dieser „Geheimtip" unter den Leuten, um schließlich zu einem Standard-Ratschlag zu werden. Da jedoch das Wissen um die Anwendung der Spiegel fehlt, wird leider mancherorts die gute Energie postwendend wieder nach

Draußen zurückgeschickt und die Wirkung ist alles andere als positiv. Von der ursprünglichen Wohnsituation, wo der Einsatz des schrägen Spiegels sinnvoll war, weiß jedoch längst niemand mehr.

Das große China

Ein weiterer Grund für die verschiedenen Ratschläge ist in der Geographie Chinas zu suchen. China ist größer als die Vereinigten Staaten von Amerika und größer als ganz Europa. Die Lebenssituationen sind im Osten, Westen, Süden und Norden nicht im geringsten miteinander vergleichbar. Es ist daher auch nicht weiter erstaunlich, daß im Norden ganz andere Dinge einen zentralen, lebenswichtigen Status erhalten haben als im Süden. Sie werden sicherlich, wenn Sie etwas mehr über die Hilfsmittel erfahren haben, auch die geographischen Ratschläge einfacher ordnen können. Am besten können Sie sich das mit dem Beispiel einer Heizung vorstellen. Bei uns würde niemand ein Haus ohne Heizung bauen, doch bereits in Marokko ist die Kälte kein Thema mehr.

Doch nicht nur in China und Hongkong wird die Lehre des Feng Shui praktiziert, ein weiterer großer Einfluß kommt auch aus dem Land der aufgehenden Sonne. Japanische Gärten sind vermutlich die berühmtesten Botschafter und zeigen, wie uns Feng Shui außerhalb der geschlossenen Räume faszinieren kann.

Der schnelle Westen

Der Hauptgrund allerdings, wieso den verschiedensten Hilfsmittel so unterschiedliche Aussagen anhaften, ist für mich die Verschmelzung der östlichen mit der westlichen Kultur. Was in China über 4000 Jahre gereift ist, möchten wir hier in ein paar Jahren umsetzen. So werden Feng-Shui-Artikel kopiert, hergestellt und vertrieben, ohne daß sich überhaupt jemand Gedanken gemacht hat, wofür die Dinge eigentlich gut sind. Manch ein Gegenstand sieht genau so aus, wie sein asiatisches Vorbild, nur ist er aus falschem Material produziert worden oder die zentralen Inschriften wurden einfach weggelassen.

Wer ein Haus baut, muß sich erst mit dem Fundament befassen, ansonsten stürzt das gute Stück früher oder später wieder ein. Das gilt auch für uns hier im Westen. Gerade bei Gegenständen, mit denen wir unsere Wohn- und Arbeitsräume optimieren möchten, sollten wir auf Genauigkeit, Überprüfbarkeit und Wissen, was für uns ansonsten im Alltag so wichtig ist, achten.

Das Glück, das man selbst herbeigezogen hat, lässt sich nicht mehr aufhalten

— Japanisches Sprichwort —

Die Berechnung der Zonen

Im gibt es vier verschiedene Schulen, die man mit vier verschiedenen „Stilrichtungen" vergleichen könnte. Die meisten arbeiten mit dem Lo-Pan (Feng-Shui-Kompaß), und die Einteilung der Wohnung in die neun Zonen wird über die Himmelsrichtungen ermittelt. Wer in der Lage ist, über den Lo Pan die Sektoren zu errechnen, besitzt genügend Kenntnisse, um diese Seite zu überspringen.

Für all diejenigen, die sich beim Ausrechnen der Sektoren noch nicht so sicher fühlen, und natürlich auch alle, die Feng Shui ganz neu kennengelernt haben, müßten wir hier ein ziemlich großes Kapitel einfügen, was den Inhalt und den Rahmen dieses Buches sprengen würde.*

Damit Sie trotzdem wissen, wo sich in Ihrer Wohnung die Partnerschaftszone oder auch der Bereich Reichtum (und natürlich alle anderen Zonen) befinden, haben Sie dazu die folgende, aber wirklich auf das einfachste reduzierte Anleitung:

Reichtum	Ruhm Ehre	Partnerschaft
Hierarchie	Gesundheit	Lebensfreude
Wissen	Lebensweg	hilfreiche Freunde

— Grundlinie mit Eingangstüre —

Im Feng Shui gibt es eine sogenannte Grundlinie, das ist die Seite Ihres Wohnungsgrundrisses, auf der sich die Eingangstüre befindet (siehe Zeichnung). Zeichnen Sie sich Ihren Wohnungsgrundriß auf und unterteilen Sie ihn in neun gleich große Felder. Jedes Zimmer kann sich über mehrere Sektoren erstrecken, denn die Wände und die Feng-Shui-Einteilung sind nie identisch. Falls Ihre Wohnung oder Ihr Haus zwei Eingänge hat, gilt derjenige, den Sie als Ihren eigentlichen Eingang betrachten.

Wenn Ihre Wohnung keinen rechteckigen Grundriß aufweist, so erkennen Sie nun bereits, daß eine oder mehrere Zonen fehlen. Diese können bis zu einem gewissen Grad mit Hilfsmitteln wieder eingefangen werden.

Sie können auch jedes Zimmer einzeln von seiner Eingangstüre her betrachten.

BEISPIEL: Wenn nun die Zone 6 Ihrer Wohnung im öffentlichen Treppenhaus liegt oder der Nachbarswohnung zugeteilt ist, dann können Sie die Wände, die in Richtung Fehlzone zeigen, mit den entsprechenden Glücksbringern aktivieren. Zusätzlich können Sie in jedem einzelnen Zimmer den Bereich „unten – rechts" besonders sorgfältig und kraftvoll mit den entsprechenden Objekten stärken. Somit haben Sie zwar Ihre Zone nicht zurückerhalten, aber die unterstützende Energie der hilfreichen Freunde ist wieder aktiviert.

* Buchempfehlung: „Wenn Räume erwachen" Brigitte Gärtner, Windpferd, Aitrang 1997

Die drei Quellen der Kraft

Jeder noch so große Fluß hat seinen Ursprung bei einer kleinen und kraftvollen Quelle. Auch in unserem Zuhause befinden sich drei Quellen der guten Energie. Es liegt in unseren ganz persönlichen Händen, wie wir mit diesen drei Quellen umgehen und dadurch die Chi-Energie der Räume zum Fließen bringen.

Frische Luft

Die Luft versorgt uns mit Sauerstoff, damit wir überhaupt leben können. Ist in einem Zimmer wenig Sauerstoff, so empfinden wir die Luft als stickig, muffig und verbraucht. In Arbeitsräumen sinkt das Leistungspotential auf den absoluten Tiefstand und wir haben umgehend das Bedürfnis, zu lüften. Doch nicht nur der Mangel an Sauerstoff läßt uns nach dem Fenster greifen, um es zu öffnen, sondern auch die schlechten Gerüche. Die neuralgischen Punkte in jeder Wohnung sind neben der Toilette auch die Küche, denn die Kochdüfte wandern zielstrebig in die Wohnung hinein. Raucher setzen der frischen Luft ein jähes Ende und manch ein Bastelzimmer, in dem gelötet, gestrichen, lackiert und geleimt wird, ist in eine beißende Luft gehüllt. Auch menschliche Düfte können die Luft schwächen. An erster Stelle stehen hier unsere natürlichen Körpergerüche (Schweiß), gefolgt von zeitweiligen Ausdünstungen, die jedoch meist vom Essen ausgelöst werden, und auch Krankheiten haben ihre eigenen Gerüche, sie lassen die Luft schwer und träge werden.

Es gibt also viele Ursachen, warum die Luft an Frische verliert. Regelmäßiges Lüften ist auf jeden Fall die einfachste Lösung. Doch gewisse Zimmer benötigen auch Hilfe. Manch ein Badezimmer muß konstant die Schmutzwäsche einer ganzen Familie horten. Nebst der eigenen Körperpflege und dem täglichen Wechseln der Leibwäsche (inkl. Socken, Strümpfe und T-Shirts) helfen im Badezimmer hauptsächlich ätherische Öle, die auf Duftsteine geträufelt werden. In der Küche hilft primär der Dampfabzug, doch wo keiner ist, kann während dem Kochen auch nichts abgezogen werden. Viele Menschen öffnen spontan das Fenster, und das ist eine sehr geschickte

Lösung. Doch auch der Abwasch nach dem Essen ist eine zentrale „Duftreinigung", denn hauptsächlich die Pfannen und die Töpfe riechen sonst selbst Stunden später noch nach verbrauchten Ölen und Fetten. Nicht zu vergessen ist die Mülltüte, denn vieles, das wir wegwerfen, hat „selbst-riechende" Eigenschaften. Je höher die Temperaturen draußen sind, desto öfter muß der Müllsack gewechselt werden. In Krankenzimmern helfen wiederum die ätherischen Öle und das regelmäßige Wechseln der Bekleidung des Patienten.

Die Wärme

Für Raumtemperaturen gibt es empfohlene Werte und die liegen so bei 23 bis 24 Grad. Doch wir haben alle einen ganz persönlichen Temperatur-Sensor, der entscheidet, ob wir uns behaglich fühlen oder nicht. Das ist unser Wärme-Empfinden. Viele Menschen fühlen sich bei 23 Grad absolut nicht wohl, sie frösteln und suchen verzweifelt nach einer Kuscheldecke. Andere wiederum brechen bei der 25 Grad-Marke in Hitzewallungen aus und spazieren in T-Shirt und barfuß durch die Wohnung. So wenig die Differenz auch sein mag, so extrem sind die unterschiedlichen Reaktionen. In der Zeit, in der die Wohnungen geheizt werden, können wir selber mitsteuern, wie warm wir es zu Hause haben möchten. Die meisten von uns drehen im Herbst die Heizkörper auf und im Frühjahr wieder hinunter, ohne sich im Laufe des Winters aktiv um die Temperatur zu kümmern.

Leicht kühlere Temperaturen als in den Wohnräumen sind ideal für einen erholsamen Schlaf, jedoch sollte Ihnen nicht gleich eine frische Brise um die Ohren wehen, wenn Sie das Schlafzimmer betreten. Es kann dann nämlich passieren, daß jemand nicht mehr ins Bett will, weil er oder sie vor der Kälte flüchtet. Im Wohnzimmer, wenn Sie sich entspannen möchten, ist eine schöne, gemütliche Wärme erforderlich. Wenn es zu kühl ist, verkrampfen sich die Muskeln und dann sind wir natürlich alles andere als locker. Einen Hauch kühler darf es in den Arbeitsräumen sein, doch hier entscheidet auch die Tätigkeit mit. Wer sich immer wieder bewegt und körperlich aktiv ist, dem wird bei der Arbeit warm. Sitzt jemand jedoch vor dem Computer, so wird nichts Rechtes entstehen, wenn die Finger wie angefroren an der Tastatur kleben.

In jedem Haushalt, in dem mehrere Menschen leben, treffen somit auch verschiedene Temperatur-Empfinden aufeinander. Haben alle Familienmitglieder in etwa die gleiche Wellenlänge, so ist das natürlich perfekt. Sind unterschiedliche Empfindungen da, so kann die Temperatur das Wohlbefinden empfindlich stören. Wenn genügend Zimmer vorhanden sind, und jedes Familienmitglied ein eigenes Zimmer besitzt, so ist jeder in seiner ganz persönlichen Oase Herr und Meister über seinen Heizkörper. Im Wohnzimmer und anderen Orten, die man gemeinsam bewohnt und teilt, ist es sinnvoll, eine Kompromiß-Wärme zu suchen, mit der alle Familienmitglieder gut leben können.

Die schönste Wärmequelle ist auch heute noch das sichtbare Feuer. Der Standort eines Kachelofens, eines Schwedenofens oder eines Cheminees sollte so mittig wie möglich sein, damit die Wärme des Feuers wie eine strahlende Sonne in alle Richtungen fließen kann. Auch wenn heute die offenen Feuerstellen in vielen modernen Wohnungen und Häusern mehr einen noblen als elementaren Zweck erfüllen, weil die Räume „ganz normal beheizt werden", ist es auf jeden Fall wichtig, sie in der kalten Jahreszeit regelmäßig zu nutzen. Ein Ofen, der nicht brennt, ist ein Symbol des „erloschenen" Feuers.

Das Licht

Es gibt drei Hauptenergiequellen, die in unseren Wohn- und Arbeitsräumen das gute Chi erblühen lassen. Das wohl interessanteste ist das Licht (neben Wärme und frischer Luft), denn hier haben die meisten von uns ein riesiges Potential, das nach allen Regeln der Kunst optimiert werden kann.

Wir sind es nicht gewohnt, mit Licht zu experimentieren, die Spiele mit Licht und Schatten (Schattenspiele – Scherenschnitte) sind uns nicht besonders vertraut. Schattenspiel-Theater, wie es in Bali, Indonesien und in vielen anderen asiatischen Ländern vorgeführt wird, ist bei uns überhaupt nicht zu finden.

Auch die Scherenschnitte, deren Reiz durch Fülle und Leere (oder auch Licht und Schatten) erzeugt wird, begleiten uns nur bis ins untere Schulalter. Eine Kultur ist bei uns dadurch nie entstanden, und etwas vergleichsweise Ähnliches, wie diese Abbildungen mit der Schere zu erschaffen, ist für uns alle unmöglich.

Daher ist es auch nicht verwunderlich, daß wir in unseren Wohnräumen dieses Wechselspiel nicht integrieren und immer wieder die gleichen Formen der Beleuchtung anzutreffen sind:

Im Flur befindet sich meist eine einfache Deckenlampe im simpelsten Design, die zum Teil vom Vormieter übernommen wurde und die kein besonderes spektakuläres

Licht von sich gibt. Fast klassisch geht es in den Wohnzimmern mit Ständerlampen zu, meist stehen sie in der Ecke neben dem Sofa und strahlen die Decke je nach Dimmerstärke mehr oder weniger hell an. Über den Esstischen und in den weiteren Zimmern sind Hängelampen die großen Klassiker und oft glänzen sie durch ihre veraltete Form oder zeugen von Billigst-Qualität. Das tönt jetzt alles ein bisschen böse und zynisch, aber es entspricht im großen und ganzen den Tatsachen. Eine passende Lampe zu finden bedeutet meist eine ziemliche Suche, und diejenigen, die am besten gefallen, sind dann oft ziemlich teuer, aber dafür begleiten sie uns über lange Jahre.

Da das Licht im Feng Shui eine tragende Rolle spielt, ein paar Tips:

Das Licht in der Küche

In der Küche bereiten wir unsere Speisen zu und je nach Lichtmenge sehen wir besser oder schlechter. Doch auch die Qualität des Lichtes kann eine Menge dazu beitragen, wie wir das Essen empfinden und schließlich auch damit umgehen. Ob Obst, Fleisch oder Gemüse, je nach Beleuchtung lacht es uns an, so daß man richtig zugreifen möchte. Dann sind wir gerne in der Küche, pflegen die Eßkultur, leisten somit einen wertvollen Beitrag zu unserer Gesundheit und fühlen uns dabei erst noch wohl. Im negativen Fall wirken die Speisen unappetitlich, wir kochen weniger und essen dann schnell und ohne große Lust.

Das Licht im Bad

Wer schon einmal in einem Bahnhof „mußte", wird sich vermutlich kaum mit Wohlgefallen an die dortigen Toiletten erinnern. Das hat allerdings nicht zwingend mit der Hygiene zu tun, sondern hauptsächlich mit dieser bläulich-kalten Beleuchtung, die uns innerlich dazu bringt, den Aufenthalt so kurz wie möglich zu gestalten. Wer allerdings schon einmal in einem Luxus-Hotel „durfte", wird sich gerne an dieses goldene Licht mit den meist goldfarben getönten Spiegeln erinnern. Zwar sieht man darin nicht so deutlich, aber das Licht schmeichelt auf der Haut und umgibt uns mit einem Schimmer von Wärme und einem edlen Hauch. Zu Hause haben wir eine ganz ähnliche Situation und unsere Lichtauswahl bestimmt, ob wir „müssen" oder „dürfen". In allen Waschtisch-Schränken mit einer Neonbeleuchtung ist es sinnvoll, die Kaltlicht-Röhre umgehend durch eine Tageslicht- oder Warmlicht-Röhre zu ersetzen.

Das Licht im Korridor

In vielen Wohnungsgrundrissen verläuft der Gang durch die Mitte der Wohnung und untertrennt die restliche Fläche in verschiedene Zimmer. Die Gangbeleuchtungen sind normalerweise traurige Gebilde, sie zeugen weder von Leuchtkraft noch von Ästhetik. Wenn uns jedoch bewußt wird, daß die Mitte einer jeden Wohnung der Gesundheit entspricht, dann wird die Gangbeleuchtung ganz schnell zu einem zentralen Thema. Die Lampe in der Mitte der Wohnung hat die Funktion einer Sonne, die ihre Kraft in alle angrenzenden Räume schicken will. Je strahlender die Sonne, desto größer ihre Energie.

Das Licht in den Wohnräumen

In den Wohnräumen muß es Ihnen wohl sein. Das ist die allererste Grundregel. Das Licht muß den Bedürfnissen entsprechen, die Sie in dem jeweiligen Zimmer ausleben möchten: gediegenes Licht beim Fernsehen, gute und helle Qualität beim Lesen, warmes Licht zum Kuscheln. Doch Licht darf nicht blenden. Wer Spots oder Halogen-Lämpchen mag, sollte diese so richten, daß man nicht „erblindet", wenn man zur Lichtquelle sieht. Auch bei Hängelampen, deren Glühbirnen nicht von Lampenschirmen verdeckt werden, kann durch die Wahl der Birne das Licht verändert und verfeinert werden.

Tote Ecken

Jede Wohnung hat irgendwo eine „tote Ecke", das sind Bereiche, in denen sich unter anderem auch der Staub äußerst gerne sammelt. Die Energie kann nicht frei in einer Ecke zirkulieren und so wird dieser Bereich im Laufe der Zeit kraftlos und die Tapete meist dunkel. Eine Ständerlampe deckt Ecken sehr gut ab, doch auch die Salzkristall-Lampen sind ideale Helfer für tote Ecken. Mit etwas Geschick, eine paar Pflanzen und eben dieser Lampe kann aus einer kraftlosen Ecke eine Höhle der Geborgenheit werden.

Wertvolle Kleinode, Bilder und Ziergegenstände

Wir Menschen sind alle Sammler und Jäger und so hat jeder von uns im Laufe der Zeit doch einiges an Kleinoden und Ziergegenständen nach Hause getragen. Sehr oft verstauben diese lieben Dinge einfach und ihre Ausstrahlung wird schwächer und schwächer. Licht und Kleinode sind ideale Partner. Ob Sie nun ein Figürchen explizit von der Decke her anstrahlen oder ob Sie in einem Büchergestell einen Freiraum für einen Ziergegenstand schaffen (und damit die wuchtige Wand auflockern) und das Objekt zusätzlich beleuchten, in jedem Fall aktivieren Sie eine Energie der Freude. Für Bilder gibt es spezielle, gebogene Leuchten, die oberhalb des Rahmens angebracht werden. Manch ein Raum wird allein durch die Beleuchtung der Bilder völlig verändert.

Das Herz hat seine Gründe, die der Verstand nicht kennt

Sprichwort

Symbole der Liebe
Balsam für Herz und Seele

Glücklich sein

Symbole der Liebe

Die Liebe ist die größte Quelle unserer Lebensenergie. Sie versorgt uns mit Glück, Freude, Zufriedenheit, Kraft und Wärme. Doch die Quelle der Liebe sprudelt nicht konstant und in stetigem Fluß, manchmal stellt sie ihre Tätigkeit für eine gewisse Zeit fast gänzlich ein.

Wenn eine Partnerschaft langweilig, müde und kraftlos zu werden scheint, Bekanntschaften immer nur von kurzer Dauer sind, oder der zündende Funke einfach nicht springen will, können Sie mit der unterstützenden Kraft der Liebessymbole dagegen angehen.

Im Feng Shui ist die Zone 2 der Bereich der Partnerschaft und der Liebe, doch diese Gefühle zeigen sich auch in den Zonen 7 (Lebensfreude), 4 (innerer Reichtum) und 3 (Familie).

Die Partnerschaftszone befindet sich „hinten rechts", das gilt sowohl für die gesamte Wohnung wie auch für jedes einzelne Zimmer

Bevor Sie nun damit beginnen, Symbole der Liebe als unterstützende Kraft in die Zone 2 zu stellen, ist es sinnvoll, erst einmal abzuchecken, was sich denn bereits alles dort befindet. Wenn ich zu Beratungen eingeladen werde, ist sehr oft das Thema Liebe der Grund für meinen Besuch. Anhand der folgenden Beispiele möchte ich Ihnen zeigen, wie wir Gefühle „versteckt" darstellen, die dann unsere Herzen belasten.

Auf dieser Linie ist die Eingangstüre

Die drei Porzellan-Figuren blicken alle in eine andere Richtung, als ob sie sich nichts mehr zu sagen hätten. Einzig die kleinste der drei Figuren versucht, eine Verbindung herzustellen. Die Familie des Klienten bestand aus zwei Erwachsenen und einem Haustier, und das Kätzchen war tatsächlich das verbindende Glied der beiden Menschen, die sich in den Gefühlen von einander abgewandt hatten.

Die beiden Delphine können nicht zueinander finden, weil zwischen ihnen ein unüberwindlichesHindernis steht.

Symbole der Liebe

Delphin-Paar

Der Adler, der Bär und der Delphin haben eines gemeinsam: sie leben, sie existieren und sie sind eigentlich ganz normale Tiere. Und dennoch sind sie viel, viel mehr. Während das Einhorn und der Drache uns mit anderen Sphären verbinden, ist der Delphin uns hier auf Erden zu einem nahen Freund geworden. Bereits in alten Legenden und Erzählungen wird von der Klugheit der Delphine berichtet, die der Menschheit den Pfad zur Erleuchtung zeigen und uns auf diesem Weg begleiten.

Die liebevolle und fürsorgliche Art und Weise, wie die Delphine miteinander umgehen, und die gleichzeitig offene und fröhliche Begegnung mit uns Menschen ist ein ideales Feng-Shui-Symbol für den ganzen Bereich der Partnerschaft.

Bilder, Windspiele, Fensterbilder, Figuren und individuelle Anordnungen, in denen sich zwei oder noch mehr Delphine befinden, helfen unterstützend, den Weg zum Du, zu anderen Menschen, zu Freunden, Verwandten, Arbeitskollegen aber auch Ämtern und Behörden auf eine liebenswerte, offene und harmonische Weise zu finden.

Der idealste Standort ist Sektor 2 (Partnerschaft), aber auch alle anderen Zonen können mit einem Delphin-Paar aktiviert werden. Mehr Lebensfreude in der Beziehung: Zone 7; mehr Reichtum in der Liebe: Zone 4; innere Stärke durch die Partnerschaft: Zone 5; starkes Team (winning team): Zonen 9 + 1; gegenseitig voneinander lernen (Wissen): Zone 8, füreinander da sein (Freunde): Zone 6, untrennbar verbunden sein (Donner): Zone 3.

Delphine symbolisieren zudem die Kraft, die Freude und die Heiterkeit aus dem Element Wasser, das unter anderem für Kommunikation und Verständigung steht.

Hochzeitsfoto

Das Hochzeitsfoto ist eine Erinnerung an einen sicherlich absolut außergewöhnlichen Tag. Alle Fotos, auch mit weniger spektakulärem Hintergrund (gemeinsamer Urlaub etc), sind hohe Spender an guter Energie, denn sie erinnern uns an spezielle Momente und besondere Gefühle in unserem Leben. Auch wer mit seinem Partner nicht verheiratet ist, liebt sicherlich ein Foto mit dem gleichen ideellen Wert ganz besonders. Partnerschafts-Fotos sind hohe Chi-Spender, doch nur so lange, wie sie erstrahlen können. Sind die Bilder und der Rahmen verstaubt, so verschwindet auch das Chi.

Wem das Putzen nicht gegeben ist, erstellt sich besser ein Fotoalbum, das in der Partnerschaftszone in einem Schrank sein gutes Zuhause hat. Als ehrliches Eingeständnis an hausfrauliche Schwächen hat diese Entscheidung nichts mit der Negativ-Aussage, „die Partnerschaft wegschließen zu wollen" gemeinsam und ist somit absolut einwandfrei und legitim.

Kerzen

Das Feuer der Liebe kann nicht besser als durch zwei brennende Kerzen in der Zone 2 (Partnerschaft) dargestellt werden.

Ist Ihr Herzenswunsch nach einer Partnerschaft noch unerfüllt, so können Sie zwei Kerzen in eine offene Schale stellen. Damit symbolisieren Sie Ihre Offenheit für die Liebe. Die ideale Farbe der Schale wäre grün oder lila, was allerdings nicht sonderlich elegant aussieht. Viel schöner ist es, entweder eine Glasschale oder ein schwarzes Gefäß (Element Wasser) zu wählen und frische grüne Blätter (Element Holz = Wachstum und Gedeihen) zu den Kerzen zu legen.

Ganz wichtig ist die Beschaffenheit der Kerzen, die für die Liebe angezündet werden. Wenn Kerzen flackern, zischen und eine lange Flamme produzieren, so wird eine feurige, hitzige Beziehung dargestellt. Kerzen, die langsam brennen, symbolisieren den langen und beständigen, aber dafür nicht so feurigen Weg der Gemeinsamkeit und Partnerschaft.

Selbst die Form und die Farben haben eine weitere, tiefere Bedeutung. Sie sehen an diesem Beispiel, daß im Feng Shui eine einfache Ausgangslage sehr schnell zu einer sehr komplexen Angelegenheit werden kann, bei der jedes Detail wichtig ist.

Es gibt allerdings noch eine andere Entscheidungsgrundlage: Handeln Sie bei der Auswahl der Kerzen intuitiv aus dem „Bauch heraus". Es gibt keine Zufälle, oder anders gesagt: Was Sie zum Ausdruck bringen möchten, wird Ihnen auch „zufallen".

Drache und Phönix

Wenn ein Drache und ein Phönix gemeinsam dargestellt werden, so sind sie nicht mehr die Repräsentanten der Elemente Holz und Feuer, sondern ein Sinnbild für Mann und Frau. Sie haben im Himmel gemeinsam den Bund fürs Leben geschlossen und sind für immer und ewig verbunden. Diese himmlische und ewige Verbindung findet sich auf zahlreichen chinesischen Abbildungen und Dekorationen. Die idealen Plätze sind die Zone 2 (Partnerschaft) sowie das Schlafzimmer. (Hier ist nur der Drache abgebildet)

Tauben

Wir nennen zwei verliebte Menschen „Turteltauben", und in der ganzen Welt sind Tauben ein Symbol für Frieden (eine weiße Taube) sowie zu zweit für die Treue, die Langlebigkeit und die Liebe. Je gemeinsamer sie sich in eine Richtung bewegen oder je mehr sie zueinander halten, desto stärker ist ihre Verbindung. Als Symbol der Liebe sollten sie allerdings niemals in verschiedene Richtungen davonfliegen oder sich den „kalten" Rücken zeigen. Alle Tier-Bilder, unabhängig, ob zwei Turteltauben, zwei Elefanten oder zwei Katzen abgebildet sind, wirken besonders schön in der Partnerschaftszone und natürlich im Schlafzimmer. In jedem anderen Wohnbereich verstärken sie die Gemeinsamkeit und den partnerschaftlichen Zusammenhalt.

Friede

Zwei Ringe

Genau wie bei uns, sind auch in China die Ringe ein doppeltes Liebessymbol. Auch eine Kalligraphie, auf der sich zwei Kreise befinden, bedeutet in der Partnerschaftszone das Symbol der unendlichen, ewigen Liebe.

Symbole der Liebe

Folgende Symbole, die für die Liebe und die Partnerschaft eine detaillierte Bedeutung haben, können diverse Zonen aufwerten:

Glücksmünze	Kristallglas-Spiralen	Yin Yang
Die Glücksmünze ist ein Talisman des Glücks und beinhaltet: Liebe, Friede, Gesundheit und Geld. Wer speziell die Liebe aktivieren möchte, kann mit diesem Talisman des Glücks die Energie des Herzens und der Gefühle erwecken. Die Glücksmünze wird im Fenster der Partnerschaftszone aufgehängt. Mehr zur Glücksmünze finden Sie auf Seite 39.	Die beiden Windungen der Kristallglas-Spirale symbolisieren in der Partnerschaftszone zusätzlich die Kraft der Dualität. Genauso wie der Endlosknoten oder die liegende 8 (das Symbol der Unendlichkeit), ist die Kristallglas-Spirale im Partnerschaftsbereich ein Stellvertreter der ewigen Liebe und der in alle Zeiten untrennbar verbundenen Beziehung. Mehr zur Spirale finden Sie auf den Seiten 73-75.	Wo immer Gleichgewicht und Harmonie erwünscht ist, unterstützt das Yin Yang die Aussage. In der Zone 2 steht das Yin Yang für eine ausgewogene Beziehung und eine harmonische Verteilung der Kräfte zwischen den Partnern. Verantwortung, Vertrauen, Liebe und Respekt, Toleranz und Großmut, alles ist in harmonischer Balance. Mehr zu Yin Yang finden Sie auf Seite 79.

Der unterstützte Weg zu Geld und Reichtum

Geld

Geld, Reichtum und materielle Güter sind für uns alle in einer gewissen Menge lebensnotwendig, damit wir unsere Verpflichtungen wie Miete, Versicherung und andere Kosten regeln und die lebenswichtigen Dinge wie Nahrung und Kleidung erwerben können. Alles, was „unter dem Strich" übrig bleibt, steht zu unserer freien Verfügung und damit können wir uns von Dingen verführen lassen, die uns gefallen, die uns Spaß machen und die wir ganz einfach haben möchten.

Doch natürlich werden wir alle von vielen teuren oder luxuriösen Dingen angelacht, die unser Budget nicht nur erheblich strapazieren, sondern vielleicht sogar sprengen würden. Daher ist es auch nicht erstaunlich, daß gerade die Aktivierung der Reichtumszone auf eine lange Tradition zurückblicken kann.

Ein reichhaltiger Urlaub, ein tolles Auto, eine schöne Möblierung, das alles ist nicht zwingend notwendig, aber es bereichert uns, und zwar nicht nur materiell, sondern auch im Herzen, weil wir uns darüber freuen. Geld und Reichtum steht im Feng Shui nicht nur für den äußeren, rein materiellen Aspekt, sondern auch für den inneren Reichtum, unsere Zufriedenheit.

Im Feng Shui ist die Zone 4 der Bereich des inneren und äußeren Reichtums.

Da sich die Kräfte der Zone Reichtum nicht nur auf die materiellen Energien und Geld beziehen, ist es absolut notwendig, erst einmal den Bereich nach dem Ist-Zustand zu kontrollieren. Vielleicht haben Sie sich hier etwas angelacht, auf das Sie gut und gerne verzichten möchten. In diversen Beratungen hat sich hier ein „unerwünschter Reichtum" gezeigt.

Die Reichtumszone befindet sich „hinten links", das gilt sowohl für die gesamte Wohnung wie auch für jedes einzelne Zimmer

Auf dieser Linie ist die Eingangstüre

Aquarien

Wer durch die Straßen von Hongkong spaziert, oder auch bei uns einen „Asiaten" besucht, wird sehr schnell feststellen, daß fast in jedem Geschäft irgendwo ein Aquarium steht, unabhängig, ob es sich um einen Autohändler, ein Restaurant oder ein Kleidergeschäft handelt. Aquarien sind wohl das intensivste Beispiel für die perfekte Vermischung von Feng Shui und Aberglaube. In der chinesischen Umgangssprache gibt es einen Ausdruck für Geld, der fast gleich tönt wie das Wort wegfließen. Kann das Wasser aber nicht wegfließen, wie beispielsweise in einem Aquarium, so wird das

Wasser stellvertretend für Geld zum Wohle des Besitzers gesammelt. Fische sind das Symbol für Langlebigkeit und Reichtum. Je bunter, größer und gesünder die Fische sind, desto farbenprächtiger, pompöser und länger ist das eigene Leben. Idealerweise schwimmen acht Fische im Wasser, sieben davon sind farbenprächtig und der achte Fisch ist schwarz, denn „er frißt das Böse auf". Da die Aquarien zusätzlich noch beleuchtet sind, der weiße Kies am Boden glitzert und Pflanzen und Dekorationen für ein wunderschönes Ambiente sorgen, kann auf diese Weise auf kleinstem Raum eine perfekte Traumwelt, eine Art Paradies auf Erden, geschaffen werden.

Der Geldbaum

Bei uns binden wir im Mai kleine Schlaufen und Bänder an die Bäume, was wunderschön aussieht. Im Feng Shui werden diese bunten Bänder das ganze Jahr über eingesetzt, um Elemente und Zonen zu aktivieren. Die wohl bekannteste Art ist der kleine Geldbaum. Meist wird ein kleiner Buchsbaum (Buxus) mit Stamm verwendet, und der Busch wird zu einer kleinen Kugel geschnitten. Der Stamm symbolisiert das Wachstum, die Kugel die Welt in Harmonie und die runde Form die Münzen. Ein harmonisches Wachsen der Kräfte wird somit zum Ausdruck gebracht. Eine weiße Schleife, die oben am Stamm, gerade unterhalb des Busches angebracht ist, steht für eine Wiederholung des Elementes Metall (runde Form) und für das erwünschte Geld.

So wie die Bänder im Wind spielen, wird die Energie des Geldes in verspielter Weise zum Leben erweckt.

Am besten befinden sich noch kleine Dekorationen in den Farben der Elemente Feuer (rot/orange), Erde (gelb) und Wasser (blau/schwarz) im Topf, damit der schöpferische Zyklus der Elemente wieder geschlossen wird.

Der ideale Standplatz für den Geldbaum ist die Zone 4, die den Reichtum symbolisiert.

Der Geldbaum kann selbstverständlich auch in seine weniger bekannten Verwandten umgewandelt werden: den Liebesbaum und den Kraftbaum. Beim Liebesbaum werden immer zwei Vögel, die ganz zärtlich beieinander sind, auf Drähtchen zum

Der unterstützte Weg zu Geld und Reichtum

Baum gesteckt. Die Bänder sind nun nicht mehr weiß, sondern in zartem Rosa (sanftes Wachstum) und Rot (Feuer der Liebe). Der Kraftbaum stärkt jede Zone, in der er sich befindet. Die Bänder sind entweder multicolor, damit alle Elemente vertreten sind, oder ganz in Grün. Anstelle von einem „Liebespaar" werden starke Kraftsymbole, wie die Sonnen, kleine Kristalle oder das Yin Yang am Bäumchen befestigt. Die Form der Kugel (Universum) wird bei beiden Varianten ebenfalls beibehalten.

Die Glasschale

Viele Menschen werfen ihr Kleingeld am Abend in Schalen oder sammeln in Glasvasen größere Münzen für die Urlaubskasse. Je nach Standort ereignet sich dann Folgendes: Die Behälter füllen sich, oder sie werden vergessen oder ständig wieder ausgeplündert. Was wir lediglich „als Spiel" betreiben, ist im Feng Shui eine ausgereifte Methode, die Anziehungskraft, die Stärke und den Fluß der Geld-Energie zu aktivieren. Wer Reichtum sammeln will, der sollte die Schale nicht auf einen Platz stellen, an dem nichts passiert oder wo ständig wieder etwas herausgenommen wird. Ideal ist die Zone 4, die (genauso wie die Partnerschaftszone und alle anderen) bei Bedarf auch zusätzlich in jedem einzelnen Zimmer aktiviert werden kann.

Im Feng Shui wird grundsätzlich nie eine Vase mit einem schmalen Hals zum Sammeln der Geld-Energie verwendet. Je enger das Tor, durch das der Reichtum fließen soll, desto weniger kann eintreten. Am idealsten ist daher eine offene Schale. Auch das Material der Schale spielt eine große Rolle. Ein Metallbehälter ist ganz klar auf Geld ausgerichtet, eine Schale aus Glas oder in Schwarz transformiert die Energie noch einen Schritt weiter, in die Fülle des inneren und äußeren Reichtums. Der zentrale Punkt ist allerdings der, was sich in der Schale befindet. Es macht absolut keinen Sinn, ganz kleine Münzen hineinzulegen. Wer kleine Kräfte aktiviert, wird nur kleines Geld ernten. Wer Briefmar-

Erfolg

In diese schwarze Schale legt man ein paar gefaltete Geldscheine – so, daß man den Gesamtbetrag deutlich erkennt. Der so dargestellte Betrag symbolisiert, daß in finanziell er Hinsicht gut gesorgt ist. Die beiden Enten (Enten pflegen lebenslängliche Partnerschaften) stehen stellvertretend für den Reichtum der Liebe und der Gefühle.
Im klassischen Feng Shui werden Sie in diesen Schalen allerdings immer nur Geld und materielle Werte finden. Der innere Reichtum und die Zufriedenheit werden leider manchmal vor lauter Streben nach Geld fast „vergessen".

ken hineinlegt, wird auch viel Post erhalten, aber vielleicht auch solche, die man gar nicht will. So ist der erste Schritt, sich zu überlegen, was man ganz persönlich als Reichtum empfindet. So dürfen selbstverständlich auch Gegenstände, die inneren Reichtum darstellen, in die Schale.

Goldmünzen-Berg

Der Goldmünzen-Berg ist eines meiner allerliebsten Symbole, was den Geldfluß betrifft. Die fünf Münzen sind zu einem kleinen Berg fixiert, und die beiden obersten sind mit einer klaren und liebenswerten Botschaft chinesisch beschriftet.

Der Spruch auf den Münzen heißt wörtlich übersetzt: „Möge dir der Reichtum von allen Seiten zuteil werden". In der Umgangssprache wird die Übersetzung allerdings liebevoll und sympathisch wie folgt umgewandelt:

Mögen die Münzen in deine Tasche springen.

Der Goldmünzen-Berg ist ein Symbol, das vor allem in der Zone 4 zu Hause ist und hauptsächlich den materiellen Reichtum anspricht. An jedem Arbeitsplatz, an dem wirtschaftliche Interessen im Vordergrund stehen (oder nicht vergessen werden sollten), ist dieser Münzenberg auf dem Pult eine ideale Stütze. Der Standort ist, wenn Sie am Pult sitzen, „hinten links", in der Zone 4 der Pultfläche.

Wasser

Sauberes, klares und fließendes Wasser oder Brunnen mit Trinkwasserqualität sind nicht nur im Feng Shui ein Äquivalent für etwas sehr Wertvolles. Auf der ganzen Welt hat Wasser einen herausragenden Stellenwert. Ohne Wasser gedeihen weder Pflanzen noch Blumen und auch Menschen und Tiere verdursten. Bei uns hier haben wir das große Glück, daß wir den Wasserhahn aufdrehen können und das Trinkwasser fließt, so lang wir wollen. Wir dürfen allerdings nicht vergessen, daß, als die Lehre des Feng Shui entstanden ist und bis weit in dieses Jahrhundert hinein, die Situation noch eine ganz andere war. Selbst heute noch haben in Hongkong nicht alle Bewohner fließendes Wasser (Aberdeen Boat-People). So ist es auch nicht weiter erstaunlich, daß Wasser und Reichtum (Geld) gleichgesetzt werden.

Ein Zimmerbrunnen ist somit nicht einfach nur eine noble Art der Luftbefeuchtung. Nach Feng Shui ist er ein sehr hohes Luxusgut, das die Quelle des Lebens in sich trägt. Daher müssen diese Brunnen auch immer sorgsam gehegt und gepflegt werden.

Um das Glück nochmals zu vergrößern, können mit Münzen, die in den Brunnen geworfen werden, Wünsche zum Leben erweckt werden. Steht ein Brunnen in der Partnerschaftszone, so wird die Quelle des Lebens mit der Liebe verbunden, in der Reichtumszone wird das Materielle aktiviert und im Gesundheitsbereich werden die inneren Kräfte gestärkt.

Sie können mit dem Symbol des bewegten (aber nicht wegfließenden) Wassers (Zimmerbrunnen) jede Zone aktivieren und stärken. Wenn Sie allerdings das Gefühl haben, daß Ihnen das Geld durch die Finger fließt, die Beziehung „wässrig" ist oder sie in einer Lebenslage „schwimmen", dann ist schon zuviel des Guten an Wasser vorhanden. In diesen Situationen empfiehlt es sich, mit stabilen und beständigen Hilfsmitteln zu arbeiten. Das Element Erde eignet sich hervorragend für ein gutes Fundament.

Diverse Symbole sind universell einsetzbar und erhalten je nach Standort eine tiefere Bedeutung. Anbei noch eine detaillierte Erläuterung speziell zum Thema Geld und Reichtum:

Glücksmünze	Wasserfälle	Yin Yang

Die Glücksmünze hat vier tragende Säulen und eine davon ist das Geld. Wenn Sie materielle Energien aktivieren möchten, können Sie die Glücksmünze entweder an ein Ost-Fenster hängen oder in der Zone 4 plazieren. Gleichzeitig wird auch die Liebe, der innere Friede und die Gesundheit bereichert und reichhaltig geprägt. Mehr dazu finden Sie auf Seite 39.	Es gibt zahlreiche, wunderschöne Wasserfallbilder, aber leider sind nur sehr wenige davon für Feng-Shui-Zwecke geeignet. Da es in der Natur von uns Menschen liegt, leichter etwas zu verwässern als kompakt zu halten, bitte ich Sie, zuerst das Kapitel über die Wasserfälle zu lesen. Detaillierte Informationen finden Sie dazu auf Seite 77.	Das Yin-Yang-Symbol steht immer für die absolute Harmonie, die bei Angelegenheiten von Geld und innerer Zufriedenheit sehr schnell aus der Balance geraten kann. Ob Sie nun den Geldstrom, die innere Zufriedenheit oder beides aktivieren möchten, das Yin-Yang-Symbol in der Zone 4 wird Ihre Ziele harmonisch und deutlich unterstützen. Mehr dazu finden Sie auf Seite 79.

Schutz und Kraft
für das Haus und seine Menschen

Stärke und Kraft

Beschützer und Wächter

Beschützer und Bodyguards gibt es nicht nur für Menschen. Seit Hunderten von Jahren haben in Asien auch Häuser und wichtige Gebäude ihre Beschützer. Diese sind allerdings nicht aus Fleisch und Blut, sondern aus Stein und haben furchterregende Gesichter und muskulöse Körper. Sie heißen Foo, sind eine Mischung aus Löwe und Drache und wir kennen sie hauptsächlich von den chinesischen Restaurants. Sie treten immer als Zwillings-Paar auf und sind rechts und links vor dem Eingang postiert.

Ihre Aufgabe ist es, den Geist und die Absicht des eintretenden Gastes nach seiner Reinheit zu ergründen. Menschen mit guten Gedanken, so sagt man, können ungehindert an den Foos passieren, schlechte Menschen werden durchschaut und der Zutritt wird ihnen verweigert sein.

Wer also in ein Haus möchte, vor dem die Gebrüder Foo stehen, sollte sich zuerst der Reinheit seiner Gedanken bewußt werden, um dann in Frieden und edlen Herzens das Gebäude zu betreten.

Rosenkugeln

Rosenkugeln schützen die Bewohner eines Hauses vor negativen Energien, die von Nachbarn oder ungebetenen Gästen ausgehen, oder die durch den Straßenverkehr auf das Grundstück übertragen werden. Rosenkugeln wirken energetisch auf die gleiche Art und Weise wie die konvexen Pa-Kua-Spiegel. Stellen Sie sich vor, Sie legen eine Schüssel umgekehrt in das Spülbecken und drehen daraufhin den Wasserhahn auf. Das Wasser läuft an der Außenseite der Schüssel ab, wird weggeleitet und ist somit entkräftet. Wenn Sie den Wasserhahn noch weiter aufdrehen würden, so daß ein richtig kräftiger Strahl entsteht, würde das Wasser sogar wegspritzen. Und genau das passiert mit den negativen Energien. Nur leicht negative Energien werden abgeleitet, stark negative Energien prallen ab und zerstreuen sich in alle Winde.

Doch nicht nur die Form der Rosenkugel bewirkt einen Schutz. Mit der Größe und der Farbe wird ihre Aussage genauer, konkreter und zielsicherer:

BLAU (Kommunikation)	GRÜN (Wachstum)	SILBER (Abgrenzung)	GOLD (Beständigkeit und Fülle)

Schutz und Kraft

Anbei ein paar Beispiele: Wenn Ihr Nachbar sehr neugierig ist, verwenden Sie am besten eine *silbrige* Kugel, um eine klare Abgrenzung zu erreichen. In der Nähe von Kirchen (Ablegen von Sünden, Beichten und schlechten Taten) sowie Spitälern (Krankheit, Leid und Tod) können Sie mit *mint* den schweren Gedanken der Besucher entgegenwirken oder mit *orange* Ihre eigene Lebensfreude schützen. Selbstverständlich können Sie hier wiederum mit der Farbe Silber eine Abgrenzung erreichen. Ist Ihr nachbarschaftliches Verhältnis eher etwas unterkühlt, hilft auf jedenfall *grün* und *blau*.

Wenn negative Energie durch eine Straße zu Ihnen geführt wird, so sind Sie primär dem Verkehr einfach nur ausgeliefert. Doch auch hier gibt es selbstverständlich Lösungsmöglichkeiten. Stellen Sie allerdings niemals eine rote Kugel direkt vor dem Eingang auf. Sie signalisieren ansonsten dem Automobilisten eine sehr gefährliche Botschaft, nämlich daß es ein großes Ziel sei, zu Ihrem Eingang zu gelangen. Die beste Farbe ist auch hier wieder Silber, um klare Grenzen zu setzen. Rot können Sie assortieren, wenn diese Kugeln an den Außenpunkten des Grundstücks stehen. Somit produzieren Sie im Kreis der Elemente Dampf (Feuer und Wasser), was den Automobilisten verwirrt und zu langsamerem Fahren bewegt. Nicht zu Unrecht sind die Straßenschilder, die für Gefahren zuständig sind, in der Kombination Rot-Weiß gehalten.

Doch nicht nur negative Energien können mit den Rosenkugeln weggeleitet werden, auch die eigenen Bedürfnisse und Wünsche fließen manchmal einfach weg und davon. Hat ein Zimmer viele Fenster, so geht auch viel Energie verloren. Eine Rosenkugel im Blumentopf leitet die Energie, die normalerweise über das Fenster wegfließen würde, wieder in den Raum zurück und somit bleibt sie im Zimmer erhalten. Von allergrößter Bedeutung ist die Wahl der Farbe, und die ist kaum für die Ewigkeit. Daher sollte es Sie auch nicht reuen, bei neuen Zielen, neuen Wünschen und neuen Prioritäten die nicht mehr aktuelle Farbe durch eine neue, passende auszuwechseln.

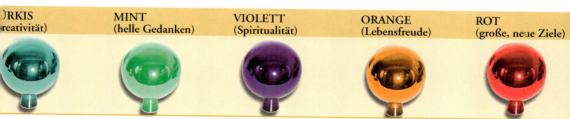

Anbei ein paar Beispiele: Wenn Sie das Gefühl haben, daß Sie mehr aus Ihrem Leben machen möchten, dann haben Sie drei Farben, die Ihnen hilfreich zur Seite stehen: Grün für ein kontinuierliches, eher langsames aber stetiges inneres und auch äußeres (berufliches) Wachstum, Mint für neue Ideen und kreativen Ansporn und Violett (Aubergine) für die innere, spirituelle und geistige Entwicklung. Wenn Sie eine Herausforderung wie eine Ausbildung, einen neuen Job, eine Karrierechance oder gar den Weg in die Selbständigkeit angenommen haben, dann hilft Ihnen die Farbe Rot, die Ziele zu erreichen und die Farbe Orange, auch den Lebensmut und die Lebensfreude trotz der großen Belastung nicht zu verlieren. Künstlerische Talente werden am besten mit Mint und Violett unterstützt und wer die Ausdruckskraft in seiner Stimme und Sprache fördern will, kann sich mit Blau unterstützen. Auch Gesprächsgruppen profitieren von Blau und Violett. In der Ruhe liegt die Kraft, und die Farbe Gold ist ideal, den inneren und äußeren Reichtum zu stabilisieren. Sie verleiht Kraft, Selbstvertrauen und Selbstsicherheit. Die Farbe Gold verhilft zudem auch zu einer Ausstrahlung von Würde, was ein unschätzbarer Wert sein kann für Menschen, die den Launen anderer ausgesetzt sind.

Steine

Steine haben in Asien und auch im Feng Shui eine ganz wichtige Bedeutung. In den Bergen, an Straßenrändern, bei Ortseinfahrten und bei Brücken stehen oft große Steine, auf denen etwas geschrieben steht. Der Text ist immer mit einer Geschichte verbunden. So hatte einst ein Kaiser das Wort Treue auf einen Stein bei seiner Stadt schreiben lassen, um damit die Verbindung zu seinem Land auf ewig zu verdeutlichen.

Doch nicht nur in Ortschaften und Landschaften haben Steine mit ihren beschriebenen Texten einen festen Platz in der Kultur Chinas, auch Häuser werden durch einen ganz besonderen Stein geschützt und bewacht. Dieser spezielle Stein, der das Haus, das Grundstück und seine Bewohner schützt und stärkt, den können Sie nicht kaufen.

Wenn Ihr Haus von keinem stattlichen Stein bewacht wird, dann können Sie ihn suchen gehen. In Wäldern, bei Flüssen und in den Bergen lösen sich immer wieder ganz spezielle Steine aus ihrem Untergrund, die von einem Menschen, der seine Kraft zu schätzen weiß, nach Hause getragen werden möchte. Ein Schutzstein ist immer 15 cm und größer, und seine Form entspricht meistens dem Element der zu schützenden Person. Es ist eine spontane Liebe und Verbindung zwischen Mensch und Stein Wenn Sie vor dem passenden Relikt stehen, dann werden Sie ihn erkennen. Auch wenn das Heimtragen oder das Einladen ins Auto beschwerlich sein kann: Für vielleicht eine Stunde Aufwand, Schleppen und Muskelkater beschützt Sie der Stein anschließend ein Leben lang!

Auf vielen alten Grundstücken wohnt seit Generationen auch ein Stein, den irgend jemand einmal dorthin gestellt hat. In diesem Falle hat das Haus bereits seinen Schutzstein gefunden. Entfernen Sie auf keinen Fall diesen alten Wächter, auch wenn Sie gerne etwas Moderneres arrangiert hätten. Wenn es keine andere Möglichkeit gibt, als den Schutzstein zu deplazieren, dann sollten Sie ihm einen Platz auswählen, der auf jeden Fall qualitativ noch höher und auch viel schöner ist, als der jetzige Standplatz.

Tafeln

Zum Schutze des Hauses sind Holztafeln ein weit verbreitetes Hilfsmittel, denn die Beschriftung mit dem Pinsel ist um ein Vielfaches einfacher, als das Einmeißeln in

Stein. Die Texte haben, genau wie die Gravuren in Stein, manchmal einen recht sonderbaren Inhalt, denn auch bei den Holztafeln wird sehr gerne ein einzelner Satz aus einer ganzen Geschichte als Kernaussage genommen.

Doch nicht nur „verschlüsselte Botschaften" werden auf die Tafeln geschrieben, es gibt auch Zauberzeichen und direkte Aussagen.

Anbei eine kleine Auswahl der bekanntesten Zeichen. Sie können sich die Holztafeln mit einem Pinsel auch selber zeichnen, das ist gar nicht so schwer. Das Brettchen ist vorteilhaft so ca. 30 cm hoch und etwa 10 cm breit. Je nach Zeichen können Sie die Maße abändern, das ist ganz gebräuchlich. Wichtig ist vor allem, daß es am Schluß einwandfrei aussieht.

Spezielle Symbole des Glücks

Glücks-Beutelchen

In Asien werden bei zahlreichen Gelegenheiten kleine rote Tütchen, die in edlem Gold-Decor bedruckt sind, verschenkt. Bei Hochzeiten, Geburtstagen und wichtigen Anlässen kommen diese kleinen roten Tüten zum Einsatz. Normalerweise befinden sich, je nach Anlaß, kleinere oder größere Banknoten darin.

Auch im Feng Shui werden diese Glücks-Beutelchen eingesetzt. Natürlich übergibt der Berater seinen Klienten nicht Geld, sondern überreicht in diesem Umschlag einen für die Bewohner sehr wertvollen Spruch. In zahlreichen Gegenden Chinas ist es sogar Sitte, Glücksbeutelchen, die von Feng-Shui-Meistern überreicht wurden, genauso versiegelt oder geschlossen zu belassen, wie man sie erhalten hat. Dafür wird das verschlossene Tütchen an einer zentralen Stelle aufgehängt oder liebevoll plaziert. Das Glück, welches durch den Feng-Shui-Meister in dieses Beutelchen eingepackt worden ist, soll ja nicht entweichen, es wird so ein Leben lang festgehalten.

Bei uns werden die Glücks-Tütchen bislang bei Feng-Shui-Beratungen nur ganz spärlich eingesetzt, denn diese Beutelchen sind noch so etwas wie ein „Geheimtip". Was immer in dieser Verpackung von leuchtendem Chinarot und goldener Prägung ist, alle freuen sich (auch bei uns) über diese Glücks-Tüten. Kinder, ob in China oder bei uns, lieben diese Beutelchen, denn sie ahnen bereits, und nicht zu unrecht, daß sich etwas Wertvolles (wie ein schönes Geschenk oder gar ein Geldschein) darin versteckt hält.

Jedes Geschenk, das in einer Glücks-Tüte verpackt ist, wird automatisch wertvoller und nobler. Der spezielle Touch der Farbgebung steuert natürlich seinen Teil bei, auch hier ist nichts dem „Zufall" überlassen.

In China und Hongkong gehören Glücksbeutelchen genauso in jeden Haushalt, wie bei uns die Papiertaschentücher, und in etwa der gleichen Größe sind auch die Abpackungen. 20, 50 oder 100 Stück pro Set ist die Norm. Wer professionell Feng Shui betreibt oder das Spezielle liebt, wird diesem wunderschönen asiatischen Brauch auf die Dauer sicherlich nicht widerstehen können.

Spezielle Symbole des Glücks

Glücks-Käfer

In vielen Kulturen wird einem Käfer eine ganz spezielle Kraft und Eigenschaft zugeordnet, die meist völlig irrational ist, wenn man versucht, hinter das Geheimnis dieser Legende zu kommen. Es gibt weder Erzählungen noch vernünftige Gründe, wieso der bestimmte Käfer als Botschafter von Glück oder Freude angesehen wird.

Da bei uns chinesische Käfer relativ selten unterwegs sind, würde das ganze Kapitel überhaupt keinen Sinn ergeben, wenn wir da nicht unseren ganz eigenen Glückskäfer hätten: den Marienkäfer. Dieser kleine Kerl mit dem schwarzen Köpfchen, dem roten Körperchen und seinen schwarzen Punkten erfreut alle, bei denen er landet und denen er das Glück überbringt.

Viele Menschen, die sich für Feng Shui interessieren, fürchten sich etwas davor, daß ihr Zuhause nach einer Beratung „leicht chinesisch" aussehen könnte. Selbstverständlich ist es nicht jedermanns Sache, Glücksdrachen, Yin Yang-Symbole, Fächer und Flöten aufzuhängen und die Wände mit fernöstlicher Kultur zu dekorieren. Doch wir können auch in unseren eigenen Regionen bleiben, denn auch hier finden sich hervorragende Glückssymbole als Alternativen. Hufeisen, die das Glück wie eine Schale auffangen, haben einen ganz ähnlichen Grundgedanken wie die Glücksbeutelchen, nur ist die Aussage nicht so direkt und präzise. Unser vierblättriges Kleeblatt ist ein weiteres heimisches Symbol.

Ein ganz berühmtes Symbol unserer Kultur ist das Kleeblatt mit einem Marienkäfer darauf. Zwei Glückssymbole, die zusammengenommen doppeltes Glück ergeben.

Es ist immer wieder faszinierend, wie noch so verschiedene Kulturen inhaltlich gleichbedeutende Symbole schaffen, die in ihrer Optik allerdings unterschiedlicher nicht sein könnten.

Das Kleeblatt mit Glückskäfer ist eines der am häufigsten eingesetzten Glücksbringer bei uns, und auch wenn es noch so klein ist, es ist ein Symbol von doppeltem Glück.

Die Glücksmünze

Die Glücksmünze ist ein Talisman des Glücks – ein Symbol des harmonischen Zusammenspiels von Frieden, Liebe, Geld und Gesundheit.

Die Vereinigung dieser vier Eckpfeiler bilden das Fundament für ein erfülltes Leben. Der innere wie auch der äußere Reichtum wird harmonisch angehoben und ausgeglichen, und der Weg zum Du, zu den Mitmenschen und den Freunden ist mit Liebe und Frieden ausgefüllt. Das irdische Heim der Seele – unser Körper, wird mit Gesundheit gesegnet, damit sich unsere Wünsche, Ziele und Ideen auf dieser Welt realisieren und erfüllen.

Wenn der Regenbogen-Kristall in der Mitte der Glücksmünze von der Sonne beschienen wird, so scheint es, als ob die vier Kreise des Glücks zu leuchten beginnen und den Betrachter mit all seinen Kräften erfüllen.

Wird die Glücksmünze nach den Lehren der chinesischen Harmonie-Lehre Feng Shui verwendet, so kann sie in den Zonen Partnerschaft und Reichtum die Ziele der

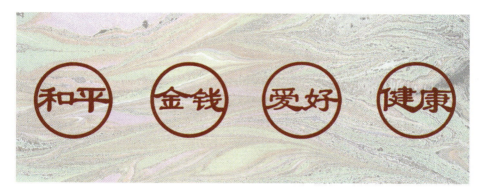

Bewohner unterstützen und fördern. Die Mitte eines jeden Heimes, welche der Gesundheit zugeordnet wird, kann leider oft keine direkte Sonnenkraft genießen, weil Mauern dies verhindern. Wie ein Bild wird hier die Glücksmünze verwendet, um der Gesundheit eine unterstützende Hilfe und die notwendige Kraft für den Alltag zu schenken.

Die Glücksmünze ist ein kostbares Symbol, denn es trägt auch die Werte Zuversicht, Mut, Kraft und Hoffnung in sich. Wenn Sie eine Glücksmünze verschenken, bezeugen Sie damit Ihren tiefen Respekt oder Ihre Zuneigung dem Mitmenschen gegenüber, denn die Aussage der Münze ist edel und rein. Wenn Sie sich selber eine Glücksmünze schenken, erfüllen Sie Ihr Herz mit den höchsten Werten, damit Sie selbst wie eine Sonne erstrahlen können und sich Ihr Zuhause und Ihre Umwelt an den wärmenden Strahlen aus Ihrem Innersten erfreut.

Die klassischen Hilfsmittel und Symbole im Feng Shui

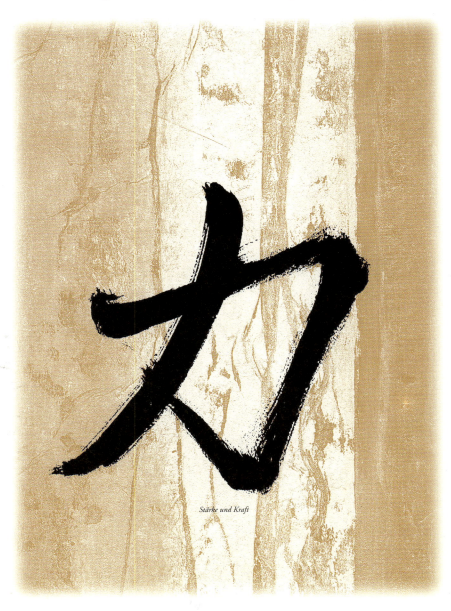

Stärke und Kraft

Alter Mann

Die Darstellung des alten Mannes ist immer ein Symbol der Langlebigkeit. Selbstverständlich ist damit ein Alter in Wohlstand, gesundheitlicher und geistiger Stärke und ohne Sorgen gemeint. Das Symbol der Langlebigkeit wird sehr häufig gebraucht und ist mit einer ziemlich breit gefächerten Wunschliste gekoppelt. Fische bedeuten zusätzlich Glück und Reichtum, so ist es nicht erstaunlich, daß gerne der alte Mann als Fischer dargestellt wird, an dessen Angel ein toller Fisch baumelt (im Bild nicht zu sehen).

Astrologische Zeichen

Wir werden im Zeichen der Jungfrau, der Waage, des Schützen oder einem der neun anderen Himmelskörper geboren, die sich in monatlichen Zyklen abwechseln. Die Basis der chinesischen Astrologie ist das „große Jahr", welches zwölf Jahre dauert und

Jahr 1999: Jahr des Hasen — Klarsichtig, heilende Kräfte

Jahr 2000: Jahr des Drachen — Optimismus, Phantasie

Jahr 2001: Jahr der Schlange — Geheimnisvolles, Subtilität

Jahr 2002: Jahr des Pferdes — Teamgeist, Redegewandtheit

Jahr 2003: Jahr der Ziege — Fürsorge, Diplomatie

Jahr 2004: Jahr des Affen — Vielseitigkeit, Erfindungsgeist

Jahr 2005: Jahr des Hahns — Entschlußkraft, Vitalität

Jahr 2006: Jahr des Hundes — Treue, innere Stärke

Jahr 2007: Jahr des Schweins — Fürsorge, Vollendung

Jahr 2008: Jahr der Ratte — Charme, Kreativität

Jahr 2009: Jahr des Büffels — Zuverlässigkeit, Vertrauen

Jahr 2010: Jahr des Tigers — Feurig, Führernatur

Jahr 2011: wieder Jahr des Hasen......

Die klassischen Hilfsmittel und Symbole im Feng Shui

zwölf irdische Äste beinhaltet. Diese zwölf Äste sind bei uns unter dem Namen chinesischer Tierkreis bekannt. (Das persönliche Horoskop enthält zusätzlich die vier Säulen des Schicksals und die innere Verteilung der fünf Elemente). Da nun ein ganzes Jahr unter der Regentschaft eines der 12 Tiere, seines Wesens und Charakters steht, wird am chinesischen Neujahr der neue „Jahrespatron" und seine guten Kräfte aufs herzlichste Willkommen geheißen.

Amulette werden am chinesischen Neujahr zu Ehren des Jahrespatrons aufgehängt und verbleiben sehr häufig das gesamte Jahr, bis sie vom nächsten Tier abgelöst werden.

Bambus

Eigentlich ist der Bambus auf den ersten Blick eine ganz normale Pflanze, die gut gedeiht und ziemlich genügsam ist. Im asiatischen Raum spielt er allerdings unter all den Tausenden von Pflanzen, die wachsen und gedeihen, eine absolut übergeordnete Rolle, und unzählige Kalligraphien und Abbildungen sind mit einem Bambus-Bild geschmückt. Daß der Bambus eine so außergewöhnliche und überragende Stellung inne hat, ist einer Eigenschaft zuzuschreiben, nach der auch wir Menschen streben und suchen:

**Wird ein Bambus gebogen, so zerbricht er nicht, er gibt nach.
Läßt man den Bambus wieder los, schnellt er zurück und steht wieder wie vorher, aufrecht und stolz.**

Das Weiche bezwingt das Harte

Der Bambus ist eines der stärksten Symbole für unseren Lebensweg. Wenn wir geboren werden, sind wir biegsam wie ein Bambus, nach unserem Tod werden wir starr und steif. Auch im Laufe unseres Lebens müssen wir einige Stürme und Gewitter überstehen, ohne daran zu zerbrechen. Streß, Trauer, Ärger, Wut und Frust machen uns hart und steif, doch im Symbol des Bambus steht die Kraft, sich von diesem Druck lösen zu können und von Neuem geschmeidig unseren Weg zu gehen.

Die Bambus-Bilder sind sehr oft von einer Sonne oder einem Mond begleitet. Für den Betrachter ist es nicht ersichtlich, um welchen Himmelskörper es sich handelt. Die Sonne ist in Japan noch heute das Symbol des Weiblichen und der universellen Wärme und Liebe. Sonne oder Mond stehen für die innere Stimme, unsere intuitive Führung. Im Doppelbild Bambus/Mond, Bambus/Sonne steht eine wunderbare Botschaft, die uns sagt, daß wir im Leben immer wieder die Kraft erhalten werden, uns neu aufzurichten wie ein Bambus, damit wir mit allen Schwierigkeiten fertig werden können und uns auch nie einsam zu fühlen brauchen, weil die universelle Liebe und Wärme (Sonne oder Mond) uns immer und ewig begleiten werden.

Eine Kalligraphie oder ein Fensterbild mit dem Symbol des Bambus und dem Kristall als Sonne oder Mond gibt uns täglich neu das Gefühl von Zuversicht und das Vertrauen in uns selbst. Der ideale Platz ist das Fenster im Norden oder das Fenster in der Zone Lebensweg

Bänder, Girlanden und Lampions

Fröhlich wehende Bänder und Fähnchen, luftige Lampions und bunte Girlanden haben in den asiatischen Ländern einen Stellenwert der Selbstverständlichkeit, bei uns werden sie eher mit kritischem Blick als eine „kindliche Ausdrucksform" angesehen. Alle diese Sachen sind äußerst verspielt und, ganz nüchtern betrachtet, ohne jeglichen praktischen Nutzen. Sie bereiten einfach nur Freude, und entsprechend der meist roten Farbe stimulieren sie zusätzlich die Heiterkeit und die Fröhlichkeit.

Eine wichtige Ausnahme gibt es allerdings doch anzumerken: Werden Dachbalken mit Girlanden geschmückt, so wird der Druck, der von der Decke niederdrückt, gemildert.

Buddha

Buddha-Figuren finden sich in Asien fast in jedem Haushalt. Der chinesische Buddha ist bei uns als Happy-Buddha bekannt, denn er verkörpert nicht nur Weisheit, sondern auch Fülle, Reichtum und das unendliche Glück. Sein inneres Lächeln ist so stark, daß es über das ganze Gesicht strahlt. Der Happy-Buddha trägt auch nicht immer eine Gebetskette, sondern bringt in Beuteln und Krügen den Menschen Fülle und den inneren wie auch äußeren Reichtum.

China hat eine großartige Porzellan-Kultur. Daher ist es auch nicht verwunderlich, daß die Buddha-Statuen gerne aus weißem Porzellan gefertigt werden.

Delphine

Wenn sich Delphine freuen, dann springen sie aus dem Wasser und bezaubern durch ihr elegantes und geschmeidiges Wesen. Ein einzelner Delphin, oder gleich eine ganze Dephin-Gruppe, ist nicht wie ein Paar ein Partnerschafts-Symbol, dafür verkörpert er (oder sie alle) das große Gut der Lebensfreude. Die Verbindung zurück zu Spiel und Spaß ist für uns gestreßte, mit Verantwortung überladene Menschen so wichtig wie nie zuvor geworden. (Weitere Informationen zum Delphin auf Seite 20.)

Liebevoll – verspielt – voller Lebensfreude: Delphine können uns wunderschöne Gefühle vermitteln. Die Zone 7 (Lebensfreude) kann bei uns allen Unterstützung vertragen. Wir sind oft so ernsthaft und in unsere Aufgaben eingespannt, daß wir vergessen, was eigentlich Leben und Freude am Leben ist.

Drache

Die chinesische Philosophie und Kultur ist mit keinem Tier so eng verbunden, wie mit dem Drachen. Ob auf Tüchern, Krügen und Schalen, Kleidern oder Dekorationen, überall ist er zu finden. Am chinesischen Neujahr schlüpfen ganze Gruppen von Menschen als lange Kolonne unter ein riesiges Drachengewand, um dieses mystische Tier in seiner ganzen Größe durch die Straßen prozessieren zu lassen.

Jeder Mensch hat einen eigenen Drachen, der, ähnlich wie ein Schutzengel, für seinen Menschen da ist und über ihn wacht. Im Alltag übernimmt unsere linke Körperseite die Stellung des Drachens. Nach dem Tode, so eine 2000 Jahre alte Erzählung, wird die Seele des Verstorbenen auf dem Rücken von Drachen in die höheren Sphären überführt, damit sie glücklich weiterleben kann.

Im Feng Shui ist der Drache das Tier des Ostens, entspricht dem Element Holz und der Farbe Grün. Der Osten ist die Himmelsrichtung, in der die Träume wahr gemacht werden können. Wer von uns hat denn nicht Träume, die er Wirklichkeit werden lassen möchte?

Glücksdrachen, die gleich paarweise aufgestellt werden, können Sie überall plazieren. Jede Zone läßt sich damit optimieren.

Am allerbesten kann die Kraft des Drachens jedoch im Osten entfaltet werden. Wenn der Drache zusätzlich mit der Energie der aufgehenden Sonne verbunden wird,

steht seine Wirkung im Zenit. Fensterbilder, die einen Kristall zusammen mit einem Drachenmotiv beinhalten und im Ost-Fenster aufgehängt werden, sind die maximale Verbindung der Kraft aus dem Osten. Sie lassen große Taten wachsen und geben uns auch den nötigen Ehrgeiz, zu unseren Zielen zu gelangen. Ein junger Drache gibt uns den nötigen Ansporn, ein alter, weiser Drache wacht abgeklärt über uns und unsere Vorhaben, damit wir vor Schaden oder unüberlegtem Handeln bewahrt werden.

Drachen-Tränen

Das größte Juwel, das ein Mensch von einem Drachen auf Erden finden kann, so erzählt man sich in alten chinesischen Legenden, ist der Same eines Drachen. Da es allerdings selten vorkommt, daß ein Mensch einen Drachen-Samen findet, würde niemand auch nur im geringsten verraten, daß er Besitzer dieses Schatzes ist. Etwas öfter findet man allerdings die Tränen der Freude, die von den Drachen vergossen werden, wenn sie uns glücklich und zufrieden von den hohen Wolken aus erblicken. Unterwegs vom Himmel zur Erde erstarren die Tränen zu Kristallen.

Drachen-Tränen sind riesig große, kraftvolle Feng-Shui-Kristalle. Ihre vier Spitzen zersprühen die Energie in alle vier Winde und vermitteln Gefühle der Freude, der Liebe und der Kraft. Durch ihr machtvolles Erscheinungsbild schützen sie den Menschen und seine Räume vor allen negativen Einflüssen und halten die gute Energie im Haus. Drachentränen können Sie in allen Fenstern aufhängen, ganz unabhängig von Ost, West, Süd oder Nord. Da ihre Längsachse einen ähnlich energetischen Aktivstrom wie die Heilspitze aus Bergkristall auslöst, sind sie geradezu prädestiniert für alle „toten Ecken". Bei genügend Fachkenntnissen können Sie die Drachen-Tränen auch zum Aufladen der Körperenergien nützen.

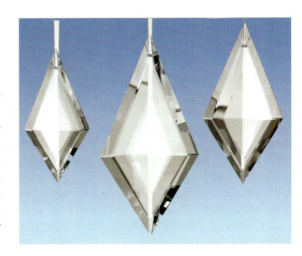

Eine am Fenster aufgehängte Drachenträne ist die allerwirksamste Art und Weise, einen Energie-Durchzug zu stoppen. Sie wirkt wie ein Schwert, das direkt vom Himmel auf die Erde gestoßen wurde und sich der ausströmenden Energie in den Weg stellt. Liegen sich Tür und Fester oder zwei Fenster gegenüber, so reicht bereits eine Drachenträne mittlerer Größe aus, um Energie-Verluste zu stoppen.

Einhorn

Bei uns im Westen ist das Einhorn das Hauptsymbol der Magie. Es ist bei uns immer schneeweiß, und somit sind auch die magischen Kräfte, die das Einhorn symbolisiert, immer weiß und hell. In unserer Kultur ist das Einhorn gütig, lieb, weise und rein und seine Taten sind edel und wohl bedacht.

In Asien ist die Bedeutung des Einhorns ziemlich ähnlich, obwohl das Einhorn in China nicht selten ein schwarzes Fell trägt. Doch das hat folgende Hintergrundgeschichte: Vor langer Zeit, als das Land von den Dynastien und den Kaisern regiert wurde, war das Pferd des Kaisers das edelste und schönste im ganzen Land. Hunderte von Schnitzereien und Bildern wurden über dieses edelste (oft schwarze) Pferd seiner Zeit gefertigt. Je weiter entfernt die Möglichkeiten waren, das Pferd einmal leibhaftig zu sehen oder gar zu berühren, desto schöner, weiser und edler wurde es in den Erzählungen, bis es so verherrlicht war, daß es nicht mehr von dieser Welt sein konnte. Dann wurde das Tier mystisch und war mit übersinnlichen Kräften ausgestattet. Die acht Unsterblichen (acht Menschen mit besonderen, übersinnlichen Fähigkeiten) haben alle ein Symbol, an dem man sie erkennen kann, und das Pferd des Kaisers wurde durch das Horn zum erkennbaren Pferd aller Pferde, dem Einhorn. Reiterstämme setzten ihren Pferden manchmal künstliche Hörner auf, als Zeichen magischer Kraft.

Ob in China oder bei uns, das Einhorn ist ein reines, edles und ruhmreiches Geschöpf, das im Feng Shui der Zone 9 der Ehre entspricht. Die Stärke seines Charakters, die Kraft seines Körpers, die Weisheit seines Geistes und die Liebe und Güte in seinem Herzen sind die Quelle für Ruhm, Ehre, Bewunderung und Ehrfurcht.

Viele Menschen leisten hervorragende Arbeiten, aber erhalten dafür einfach nicht die ihnen zustehende Anerkennung von den Mitmenschen. Wer etwas Tolles geleistet hat, darf zurecht darauf stolz sein. Wer übergangen, ausgebootet oder gar hintergangen wird, wem Ideen geklaut werden und wessen Lorbeeren sich andere unter den Nagel reißen, der verliert extrem viel Kraft und Freude, ist frustriert und nicht zuletzt gedemütigt und verletzt.

Wer sich im Leben übergangen fühlt, nicht zu der Anerkennung kommt, die ihm gebührt, tut sich viel Gutes, wenn die Zone 9 gestärkt wird. Gleichzeitig sollte selbstkritisch und mit offenen Augen die Wohnung nach den Zonen 9, 3 und 2 überprüft werden, und natürlich sollte auch der Arbeitsplatz anhand der entsprechenden Zonen genauer betrachtet werden. Ein Einhorn (hier als Fensterbild abgebildet) bringt Ihnen nicht nur die Nähe zu Ruhm und Ehre, es wirkt wie ein unsichtbares Band zwischen ihm und Ihnen, das sich kaum noch jemand getraut zu durchtrennen.

Fächer

Daß Energien mit Fächern verteilt und verändert werden, kennen die meisten von uns aus dem Spanienurlaub. Doch auch die zirkulierende Energie in den Wohnräumen reagiert auf die gewellte Form des Fächerrandes und die Leitbahnen der Innenverstrebungen. In Asien ist die Fächerkultur äußerst ausgereift und vielfältig, das geht von Dekorationsfächern, geschnitzten, duftenden Sandelholzfächern bis hin zu Kampffächern, die gefährliche und sogar tödliche Waffen sein können.

Das Umleiten der Energien mittels Fächer gehört in die hohe Schule des Feng Shui, denn vom Angelpunkt ausgehend entsteht zusätzlich ein unsichtbares, energetisches Spiegelbild, das mit einbezogen werden muß. Fächer lösen, wie Flöten auch, eine kühlende, klärende Kraft aus.

Flöten

Zwei Bambusflöten über dem Eingang wie auch eine aufgehängte, offene Schere verblasen (oder zerschneiden) die schlechte Energie, die versucht, ins Haus zu gelangen (eine offen aufgehängte Schere sieht ziemlich „dämlich" aus, nehmen Sie diesen Hinweis als reine Information). Eine weitere Funktion der Flöten ist das Kühlen der Kräfte. Je heißer und schwüler das Klima, desto mehr sehnt man sich nach einem frischen Lüftchen. Flöten sind in unseren Breitengraden dann sinnvoll, wenn das Leben nach einer gewissen Klärung bedarf. Wo die Gemüter sich erhitzt haben, wird im Feng Shui ein

„kühler Kopf" unter anderem durch die Unterstützung von Flöten herbeigeführt. Beim Aufhängen (normalerweise über dem Eingang) befindet sich das Mundstück immer unten, damit das helle Chi nach oben steigen kann.

Das Münzenschwert (links abgebildet) ist eine weitere Variante, wie Sha-Energie durchtrennt werden kann.

Frosch

Ein wackerer Beschaffer von guter Energie im materiellen Sinn ist der dreibeinige Frosch. Am Morgen und vormittags wird er mit Blick nach Osten oder Südosten hingesetzt, damit er die Schwingung der frischen und aktiven Tatkraft des Geldes einfangen kann. Der beste Sitzplatz ist die Fensterbank, von wo er gerade (nie schräg) aus dem Fenster blickt. Am Nachmittag wird er um 180 Grad gedreht, so kann er den eingefangenen Reichtum für die restlichen Stunden des Tages in die Wohnung „spucken" und ihn so seinen Bewohnern schenken.

(Spucken und Rülpsen sind im asiatischen Raum ein Zeichen für Fülle, für „mehr als Genug", und haben daher eine sehr positive Deutung)

Doch nicht immer hat der Frosch, der den Reichtum einfängt, nur drei Beine. Dieser Frosch aus Bali hat alle vier Beine, damit er jedoch zum „Reichtums-Fänger" werden kann, sind ihm Flügel verliehen worden.

*Das Glück tritt gern in ein Haus ein,
wo gute Laune herrscht.*

— Japanisches Sprichwort —

Die drei Weisen: Fuk, Luk, Sau

Sehr begehrte Botschafter von Güte und Frieden sind die drei Weisen Fuk, Luk und Sau. Sie verstrahlen eine unendliche innere Harmonie und große Wärme. In ihren Händen tragen sie stellvertretend für die Unendlichkeit einen Wanderstab (Fuk) für die Fülle eine Früchteschale (Luk) und für das Wissen eine Papierrolle (Sau). Beliebte Standorte sind die Zonen 2 (Partnerschaft) und 4 (Reichtum), sowie begleitend neben den Hausaltaren, die in China sehr häufig anzutreffen sind. Weitere gute Standorte sind die Zonen 5 (Gesundheit) und 6 (hilfreiche Freunde).

Geldscheine

Die 10 000-Dollar-Scheine, die von der Hell-Bank (Höllen-Bank) herausgegeben werden, sind die Währung der bösen Geister. Um sie zu beschwichtigen, werden diese Noten (20 Stück kosten etwa 3 bis 4 DM) verbrannt. Bei uns ist dieser Brauch allerdings nicht sonderlich bekannt.

Gnome und Kobolde

Gnome und Kobolde sind winzige Wesen, die in den Wiesen und den Wäldern leben und nicht selten durch Schabernack und Unfug von sich reden machen. Wie auch die Engel, sind die Gnome geistige Wesen, die manch einer spüren oder fühlen kann. Vielen Menschen bleiben sie ein Leben lang verborgen und werden daher durch die Ratio und den Verstand ziemlich schnell in die Welt der Märchen und der Fabeln verbannt. Wer sie kennt, weiß, daß sie die Menschen gerne begleiten und auf sich aufmerksam machen, indem sie zwicken, piksen und an den Haaren zupfen. Sie haben immer nur Streiche im Kopf und sind ein munteres Völkchen. Auch in Asien gibt es viele Gnome und Kobolde, manche Erzählungen sprechen von ganz kleinen Menschen oder kleinen Wesen. Die Zone 7 im Feng Shui steht für die Lebensfreude und beinhaltet die große Chance für die Erwachsenen, Verantwortung, Pflichtgefühl und den Ernst des Lebens für einen Moment zu vergessen. Wenn wir wie Kinder die Zeit beim Spielen vergessen dürfen und beim netten Zusammensein einfach nur Spaß haben, dann werden auch wir zu einer Art kleinen Gnomen, die frei von allen Zwängen und Pflichten das Leben genießen.

Manchmal brauchen wir im Leben jemanden, der uns sagt, daß wir die Fünfe gerade lassen sollten, daß Ernsthaftigkeit und Pflichtbewußtsein nicht das einzige im Leben sind, daß wir uns viele Zwänge selber geschaffen haben und daß es auch Schalk, Lachen und Spaß gibt. Ein Gnom in der Zone 7 ist ein Zeichen an uns, das innere Kind nicht zu übergehen, sondern leben und erblühen zu lassen.

Gnome werden mit den Elementen Erde und Metall verbunden. Da sie nachts in kleinen Erdhöhlen wohnen, wird ihnen auch das Wissen um die Schätze der Erde, der Steine und der Mineralien nachgesagt. Sie sind die Hüter der Höhlen und die Wächter über den Bergbau. So neckisch sie sich über dem Erdboden benehmen, so schützend wachen sie über die Menschen, die sich unterhalb der Erdoberfläche aufhalten.

Goldene Früchte

Goldene Früchte sind nicht nur ein Zeichen von Reichtum, sie symbolisieren den Überfluß, daß eben „mehr als genug" vorhanden ist. Je nach Standort und Zone bedeuten sie eine Fülle an Materiellem, an Liebe, an Gefühlen, an innerem Wissen oder Lebensfreude. Grundsätzlich sollten goldene Früchte aus Metall (vergoldetes Messing) sein, damit ihre ideologische Gewichtung direkt mit dem effektiven Gewicht verbunden wird. Goldene Früchte lösen jedoch, wenn irgendwo ein Manko vorhanden ist (finanzielle Engpässe, unausgefüllte Partnerschaft), noch zusätzlich eine Spannung aus. Gehen Sie also vorsichtig damit um.

I-Ging-Zeichen

Tausende von Menschen schütteln in Asien ihre I-Ging-Stäbchen vor den Tempeln, manche wöchentlich, um sich Rat und Hilfe zu holen. Doch auch im Feng Shui hat das I-Ging, das Buch der Wandlungen, einen nicht unerheblichen Stellenwert. In China errechnen die Feng-Shui-Meister die passenden Vornamen für das Neugeborene, die Eltern wählen anschließend aus, welcher der (meist 5 bis 10) Namen auf der Liste ihnen am besten gefällt. So erhält das Neugeborene einen Vornamen, der passend zum Geburtsdatum und zum Familiennamen ein glückliches und erfolgreiches Leben verspricht.

„Wenn man seinen Wandel pflegt in der Vermischung mit der Welt und doch im Einklang mit dem Licht, dann ist das Runde (Himmel) rund und das eckige (Erde) eckig; dann lebt man unter den Menschen geheimnisvoll offenbar, anders und doch gleich, und keiner kann es ermessen; dann bemerkt keiner unseren geheimnisvollen Wandel."

Jade

Der Opal ist unzertrennlich mit Australien, der Amethyst mit Brasilien und die Jade mit China verbunden. Die chinesischen Steinschnitzereien, die, wenn immer möglich aus der allerbesten Jade, der leuchtend grünen Burma- oder Imperial-Jade gefertigt wurden, sind so vollendet und filigran, daß wir nur staunend und bewundernd vor diesen Werken stehen können. Ob Drachen, Buddhas mit wallenden Gewändern oder Schmuckdosen, die hohe Kunst der Steinschnitzereien hatte keinerlei Grenzen.

Bei Ausgrabungen (hauptsächlich bei Grabstätten) wurden zahlreiche Jadescheiben gefunden, auf denen zwei Drachen eingraviert waren. Die Seele der Verstorbenen wurde auf ihrer Reise in die höheren Sphären von der Jade begleitet und den Drachen beschützt. Vermutlich ist hier der Ursprung, weshalb die Jade bis heute auch der „Stein

der Reisenden" heißt. Noch immer ist die Jade ein sehr begehrter Schutzstein, der auf Reisen oder auch im Alltag von vielen Menschen in der Tasche, im Portemonnaie oder natürlich auch als Anhänger mitgeführt wird.

In der alten Zeit war die Jade kein normaler Stein, sie war ein Synonym für den Samen des Drachens, der zu Stein geworden war. Für die Chinesen ist Jade mit himmlischer Kraft und Energie durchflutet, die jeden schützt, der sie bei sich trägt.

Ein Jade-Anhänger aus der wunderschönen burmesischen Jade (wie hier einige abgebildet sind) schützt und stärkt die Person, die ihn trägt. Wer den Anhänger nicht am Hals tragen möchte, bindet ein kleines rotes Bändchen daran, und trägt ihn so in der Tasche mit. Nicht selten wird den Anhängern einfach mit einer Zange die etwas voluminöse Öse abgeknipst und anschließend findet dieser Glücks- und Schutzbringer im Portemonnaie des Besitzers seinen neuen Platz.

Auch bei den Regenbogen-Kristallen gibt es den sogenannten Jadekristall. Das grünlich eingefärbte Kristallglas wirkt mit schützenden Kräften über dem Haus und seinen Bewohnern.

Kleeblatt

Das vierblättrige Kleeblatt ist in unserer Kultur eines der Glückssymbole, das jeder von uns kennt. Es gibt Menschen, die finden ständig welche, und dann gibt es solche wie mich, die haben noch nie eines gefunden.

Aber, unabhängig ob ein vierblättriges Kleeblatt gemalt ist oder von der Natur geboren, sie tragen beide das gleiche Glück in sich. Das Kleeblatt ist ein ganz apartes Glückssymbol unserer Kultur, es entspricht vier Herzen, die in alle vier Himmelsrichtungen schlagen und sich in der Mitte vereinigen (die Parallelen zum Aufbau des Pa-Kua und den fünf Elementen ist unübersehbar). In der chinesischen Symbolik hat das Kleeblatt keine größere Bedeutung, doch die Faszination der vier Herz-Blätter läßt auch im fernen Osten die Funken überspringen.

Kaktus

Der Kaktus ist nach den Grundregeln des Feng Shui eigentlich eine völlig ungeeignete Pflanze. Doch auch im asiatischen Raum gibt es keine Regel ohne Ausnahme und der Kaktus ist nur eines von zahlreichen Beispielen.

Der Kaktus hat, wie kaum eine andere Pflanze, die Fähigkeit, Wasser zu speichern. Wasser wiederum bedeutet Reichtum. Somit sind Kakteen ein Art „Reichtums-Speicher". Die Stacheln des Kaktus symbolisieren ein Heer von kleinen Messerchen (Element Metall), die den Reichtum erfolgreich verteidigen.

Kakteen werden vorzugsweise auf die Fensterbank gestellt, damit zusätzlich noch die negative Energie, die von draußen eindringen möchte, mit den Stacheln abgewehrt werden kann. Blüht ein Kaktus, dann ist auch blühender Reichtum zu erwarten.

Humor ist der Schwimmgürtel auf dem Strom des Lebens
— Sprichwort —

Knallkörper

Ob beim Grundstückskauf, beim ersten Spatenstich oder beim Jahresanfang, bei jedem Fest, jeder Prozession, jedem Umzug und sogar auf dem Friedhof bei Beerdigungen werden in China böse Geister mit Knallkörpern vertrieben. Lautstark und explosiv wird den ungebetenen Gästen der Garaus gemacht, damit sie auf immer und ewig verschwinden mögen.

Da die Knallkörper zu Hause einigen Schaden anrichten können, gibt es auch Attrappen, bei denen die Karton-Röllchen leer sind. So wie wir auf den ersten Blick nicht unterscheiden können, ob eine Pulverschlange echt oder falsch ist, so können es die bösen Geister auch nicht

Knallkörper-Attrappe, wie sie beim chinesischen Neujahr überall zu sehen ist.

Kristalle

Feng-Shui-Kristalle (auch Regenbogenkristalle genannt) sind sicherlich die mit Abstand am häufigsten eingesetzten Gebrauchsartikel im Feng Shui. Sie verfügen über zwei Aspekte, die sie so überaus interessant machen:

Kristalle ziehen die gute Energie in den Raum hinein.

Kristalle bremsen die Energie, die sich im Raum bewegt.

Es gibt kein anderes Feng-Shui-Hilfsmittel, das so sehr aus den falschen Gründen (nämlich nur der Regenbogen wegen) geliebt und begehrt wird wie die Kristalle: Wenn ein Kristall im Fenster hängt und von der Sonne beschienen wird, bricht das Glas den Sonnenstrahl in seine sieben Spektralfarben auf und es entstehen Regenbogen. Diese wunderschönen, buntschillernden Tupfer sind es, die unser Herz im Sturm erobern, und sie lassen uns dabei vollkommen vergessen, was eigentlich passiert und was im Geheimen und Unsichtbaren abläuft:

Wenn die Sonne in ein Zimmer scheint, so sehen wir ganz deutlich auf dem Teppich bis wohin also die Sonnenstrahlen in den Raum hinein reichen. Auf der Seite, die beschienen wird, ist der Boden hell, wo die Sonnenstrahlen nicht mehr hinkommen ist es bedeutend dunkler. Um aber auch diese kraftvolle und aufbauende Energie der Sonne bis in den hintersten Winkel des Zimmers ziehen zu können, hilft uns die Unterstützung der Regenbogenkristalle.

Wenn der Sonnenstrahl auf den Kristall trifft, wird er eingefangen, öffnet sich in seine sieben Farben, wird umgelenkt und tritt in einem ganz neuen Winkel die Reise ins Zimmer an. So wirkt die Sonnenenergie nicht nur mehr schräg nach unten bis zum Boden, sondern je nachdem, wo und wie der Kristall hängt, bis hin zur Wand, durch die Türe hindurch bis in den Flur, in tote Ecken und Winkel, unter die Decke oder wohin immer Sie möchten.

Das Geheimnis der Regenbogenkristalle ist nicht, daß Regenbogen entstehen, sondern daß das Chi der Sonne über den Sonnenstrahl im Zimmer um mehrere Meter, ein Vielfaches des Normalen, verlängert wird.

Liegen Tür und Fenster gegenüber (es können auch zwei Fenster sein), so fließt die Energie ungehindert durch die Öffnungen aus dem Zimmer wieder hinaus. So kann der Raum einfach nicht von alleine kraftvoll genug werden. Es gibt diverse Möglichkeiten, die austretende Energie bei den Fenstern abzufangen und auf eine Art „Extra-Runde" durch das Zimmer zurückzuschicken. Die besten und dekorativsten Möglichkeiten sind: Fensterbilder, Mini-Rosenkugeln (in Blumentöpfen), Mobiles, Windspiele und natürlich die Feng-Shui-Kristalle. Durch das Aufhängen dieser Gegenstände können Sie die Energieflucht in Ihren Räumen mildern.

Um die Beschaffenheit der Regenbogenkristalle herrscht ziemlich viel Verwirrung, denn mit bloßem Auge sind alle Qualitäten zum Verwechseln ähnlich. Als Transformator und Transportmittel des Sonnenstrahls allerdings leitet der Kristall die Sonnenenergie entweder schwer und behäbig oder leicht und luftig weiter.

Es gibt Bergkristall, Kristallglas und Bleikristall. Bergkristall wäre grundsätzlich das allerbeste, aber leider sind glasklare Kristalle in der Natur sehr selten und mit Durchmessern von 40 bis 50 mm kosten geschliffene Kugeln ein kleineres Vermögen, wenn sie echt sind. Die billige Bergkristall-Variante ist eine 100 Prozent technische Bearbeitung mit Druck, Bindemitteln und Bergkristall-Staub und für mich persönlich für Feng-Shui-Zwecke absolut nicht befriedigend.

Bleikristall enthält, wie der Name schon sagt, einen Bleianteil von 20 bis 30 Prozent, was für Feng-Shui-Hänger am Fenster auch nicht sonderlich sinnvoll ist. Den wunderschönen Dekorations-Artikeln, Schalen und sonstigem aus Bleikristall tut dies allerdings in keinerlei Hinsicht einen Abbruch, denn Sie hängen sicherlich Ihre Bleikristall-Schalen oder Ihre Figürchen nicht ins Fenster. Sie haben einen absolut anderen Verwendungszweck und dafür sind sie äußerst stimmig. Bei den Feng-Shui Kristallen geht es allerdings darum, welches Transportmittel wir wählen, um die Sonnenenergie zu verlängern. (In China ist Bleikristall übrigens auch erst seit Anfang dieses Jahrhunderts bekannt und für viele Chinesen ist es unbegreiflich, Bleikristall oder gepreßten Bergkristall für Feng-Shui-Zwecke ins Fenster zu hängen.)

Kristallglas, sofern es geschliffen und nicht gegossen wird, ist nach dem reinen Bergkristall die allerbeste Lösung, denn das Glas ist rein und enthält eine hohe, helle Schwingung. Da der Preis für Kristallglas je nach Größe rund 20 bis 500 Prozent niedriger ist als bei natur-gewachsenem, reinem Bergkristall, ist es für mich keine Frage, ausschließlich mit Kristallglas zu arbeiten.

Regenbogenkristalle mit einem speziellen Wellenschliff (Element Wasser) sind ideale Vermittler bei vergitterten Fenstern, sie schaffen den Übergang vom Harten zum Weichen. Fenster mit großen Metall-Vorbauten als Blumenhalter finden sich in ländli-

chen Gegenden sehr häufig, in den Städten sind es vor allem die Keller- u. Hochparterrefenster, die vergittert sind.

Die Reinigung von Kristall-Hängern ist sehr einfach. Wie normale Gläser werden sie gespült und anschließend abgetrocknet. Für die diskreteste Aufhängung empfiehlt sich Nylonfaden (Fischer-Schnur/Silch). An den Vorhanggleitern läßt sich der Nylonfaden gut befestigen. Achten Sie aber darauf, daß die Kristalle beim Öffnen der Fenster nicht gegen die Scheibe schlagen, damit kein Schaden angerichtet wird.

Feng-Shui-Kristalle können Sie nicht nur am Fenster aufhängen, sie helfen auch den „berühmt-berüchtigten" toten Ecken. Jede Wohnung und jedes Heim hat nun mal diese Zonen, die wir häufig daran erkennen, daß die Ecke unterhalb der Decke im Laufe der Jahre dunkler wird als der Rest der Wand. Hier staut sich die verbrauchte Luft und auch der Staub sammelt sich ganz gerne an dieser Stelle.

Um tote Ecken zu beleben, braucht der Kristall allerdings etwas Unterstützung, die ihm durch Farben gegeben wird. Wird ein Kristall mit einer irisierenden Schicht (Elfenhaut) bedampft, so kann auch mit Kunstlicht seine Oberfläche zum Leuchten gebracht werden. Diese Feng-Shui-Kristalle sind „nachtaktiv" und bringen den Bewohnern am Abend, wenn die Lampen eingeschaltet werden, viel gutes Chi. Es gibt eine einzige Variante, tote Ecken auch am Tag zum Leuchten zu bringen, indem Sie die Sonnenstrahlen mit Spiegeln, die ganz genau plaziert werden, für ein paar Minuten in diese Zonen umleiten.

Die farbigen Feng-Shui-Hänger sind als Kristallglas-Hänger in den Farben Grün und Violett erhältlich. Die grünen Kristalle werden der Jade und der Kraft des Ostens mit den Energien von Wachstum und Kreativität zugeordnet. Auch Neubeginn, Hoffnung und Schutz sind Symbole vom Jadekristall. Violette Kristalle werden Feenzauber genannt und sind der Mittler zwischen Lila (gleiche Attribute wie oben) und dem Rot, der Kraft des Feuers und der Liebe. Sie übernehmen die Rolle des Boten der Gefühle, den Emotionen, der Zärtlichkeit und des inneren Lächelns.

Bitte beachten Sie noch folgende, technische Information: Mit Glas kann Feuer entfacht werden. Ob das nun die Brille ist, die auf die Armatur im Auto gelegt wird, ein Glastisch nahe beim Fenster oder ein Feng-Shui-Kristall. Leicht entzündliche Stoffe können bei sehr hoher Sonneneinstrahlung und naher Distanz zu Glas in Brand geraten. Bei Ferienabwesenheit (Sommerzeit) oder Südlage verhindern Sie daher unbedingt, daß die Sonne weder die Kristalle noch andere Gegenstände aus Glas direkt bestrahlen kann.

Kugeln

Kugeln, hauptsächlich Kristallkugeln, haben eine sehr alte Tradition, und wo immer sie auf der Welt auftauchten, nannte man sie die „Steine der Macht". Der Gebrauch als Wahr- und Weissagekugeln verstärkte den Anspruch auf diesen Titel natürlich noch mehr. In Asien gilt die Kristallkugel auch als Symbol der Ewigkeit, denn eine Kugel hat weder Anfang noch Ende und ist noch bedeutender als der Kreis, da die dritte Dimension, die Tiefe, dazukommt.

Kristallkugeln dienen immer einem Zweck: der Harmonisierung. Dabei spielt es keine Rolle, ob es sich um Energieflüsse handelt, die zur Ruhe gebracht werden sollen (gegenüber Tür/Fenster), oder ob es sich um emotionale oder seelische Ungleichgewichte handelt. Genau so wie das Yin-Yang-Symbol ist auch die Kugel ein „universelles Symbol", um das Ungleichgewicht wieder zu harmonisieren.

Die Reichtums-Kugel

Natürlich wurde, wie bei so vielen Gegenständen, auch bei der Kugel versucht, das Perfekte noch zu verbessern. Erstaunlicherweise gibt es tatsächlich eine Steigerungsform der Kugel, eine runde Kugel mit glatter Oberfläche nämlich leitet den Energiefluß zwar um, aber sie kann die Fülle und die Stärke der Energie nicht verändern. Durch das Verbinden der zwei universellen Symbole (Yin-Yang und Kugel) entstand eine neue Kugel, die nicht nur den Energiefluß harmonisiert, sondern auch die Stärke entscheidend beeinflußt. Anstelle der Sha-Energie, die mit der Kraft eines Wasserstrahls durch die Wohnung zieht, wird bei der Yin-Yang-Kugel ein Zerstäubungs-Prozeß eingeleitet. Die negative Energie ist zwar immer noch vorhanden, aber so verpufft und zerstreut, daß sie keine Wirkkraft mehr besitzt. Somit steht einem erfolgreichen Umwandeln in Chi-Energie auch nichts mehr im Wege.

Um die Yin-Yang-Kugeln noch in „letzter Instanz" zu perfektionieren, wurde auch die Anzahl der Schliffe nach der Numerologie errechnet. Eine Yin-Yang-Kugel wird in 384 Seiten geschliffen, damit das I-Ging (64 Hexagramme), die Astrologie (12 Zeichen) und die Zeit (12 Monate) durch die Anzahl der Seiten teilbar ist. Auch das Pa-Kua, das magische Quadrat des Feng Shui ist in der Yin-Yang-Kugel enthalten. Die Quersumme von 384 ergibt, wie auch die Quersumme des Pa-Kua, die Zahl 15.

Neben den bisher erläuterten „technischen Attributen" besitzt die Yin-Yang-Kugel noch einen besonderen Zauber. Ihr zerstreuender Charakter hat eine befreiende Wirkung und löst in uns einen inneren Reichtum aus: Gefühle der Zufriedenheit, innere Ruhe und Glücksgefühle. In Läden, in denen die Yin-Yang-Kugel zur Dekoration aufgestellt wurde, hat sich der Reichtum sogar in der Kasse eingefunden. Glück wirkt ansteckend und ist unendlich teilbar!

Krug und Beutel

Krüge oder der prall gefüllte Beutel finden sich auf zahlreichen Amuletten, Statuen oder Abbildungen. Ihre Bedeutung ist Fülle, Reichtum und Wohlstand.

Sehr oft bringt Buddha persönlich den Reichtum mit und so wird die Verbindung vom inneren zum äußeren Reichtum stilvoll hergestellt. Jede Zone, die Fülle und mehr Gewicht erhalten soll, kann durch diese Symbole aktiviert werden.

Kwan-Yin

Kwan-Yin (die aus dem Lotus Geborene) ist die Königin des Himmels, die Schutzpatronin der Frauen, ähnlich wie die Muttergottes bei uns. Die Chinesen verehren sie auch als „weiblichen Buddha". Sie ist die Mutter aller 10 000 Dinge und verströmt Sanftmut und tiefe Weisheit.

Eine Kwan-Yin-Statue in der Zone 2 (Partnerschaft) aktiviert die weiblichen und sanften Energien. Sehr schön wirkt sie auch in der Zone 6 (hilfreiche Freunde), weil dieser Bereich auch als Quelle der geistigen Inspiration steht.

Lo-Pan

Der Lo-Pan ist zuerst einmal das Werkzeug des Feng-Shui-Beraters, wenn er die Kompaß-Methode, die Acht-Häuser-Methode oder die fliegenden Sterne betreibt. Ein Werkzeug ist zwar nie besser als sein Benutzer, doch auch ein guter Fachmann kommt mit einem schlechten Werkzeug nicht weit. Die traditionellen Lo-Pans aus China sind logischerweise chinesisch beschriftet und daher für all diejenigen unter uns, die nicht der chinesischen Sprache mächtig sind, für den Einsatz als seriöses Arbeitsinstrument denkbar ungeeignet. Heute sind glücklicherweise wunderschöne und absolut präzise Lo-Pans erhältlich, deren Platte in Deutsch beschriftet ist.

Der Lo-Pan beinhaltet alle Möglichkeiten des Lebens, alle Elemente, alle Himmelsrichtungen, alle astrologischen Zeichen usw. Somit ist es auch nicht erstaunlich, daß sich der Lo-Pan in China als Dekorationsartikel sehr großer Beliebtheit erfreut, denn er beinhaltet die Summe aller Möglichkeiten.

Meßbänder

Im Feng Shui werden nicht nur Farben, Formen, Elemente und Himmelsrichtungen gedeutet, auch das „Maß der Dinge" hat einen Einfluß. Alle 5,38 cm beginnt ein neuer Abschnitt und nach acht Abschnitten = 43 cm (43 cm = ein chinesischer Fuß) beginnt der Zyklus wieder von vorne.

Abschnitt 1	00.00 – 05.38 cm	sehr positiv
Abschnitt 2	05.39 – 10.75 cm	negativ
Abschnitt 3	10.76 – 16.12	sehr negativ
Abschnitt 4	16.13 – 21.48	sehr positiv
Abschnitt 5	21.49 – 26.87	positiv
Abschnitt 6	26.88 – 32.24	sehr negativ
Abschnitt 7	32.25 – 37.62	negativ
Abschnitt 8	37.63 – 43.00	positiv

Über den Ursprung dieser Maßeinheiten wird berichtet, daß sie auf der Grundlage des I-Ging errechnet wurden. Trotzdem ist es erstaunlich, wie viele chinesische Meister diese Maße völlig ignorieren und überhaupt nicht in ihre Berechnungen integrieren. Es kann daher gut sein, daß es sich um japanische Feng-Shui-Maße oder um

Meßeinheiten aus anderen asiatischen Ländern handelt, die im 20. Jahrhundert zusammengeflossen sind. Allerdings besteht auch die Möglichkeit, daß es sich hier um ein „neuzeitliches Phänomen" handelt oder aber, daß ein fast vergessenes Wissen, das nur regional und sehr wohlbehütet seine Verbreitung fand, nun an die breite Öffentlichkeit weitergegeben wurde.

Mineralien

Naturbelassene Mineralien besitzen eine extrem starke und kraftvolle eigene Schwingung. Kristallgruppen verstrahlen nicht nur die Kraft der Tiefe, sie zerstreuen auch die negative Energie, die sich so gerne in Ecken und toten Zonen sammelt. Eine kleine Bergkristallstufe in einem Eckbereich kann echte Wunder bewirken. Wenn Sie Ihre Mineralien regelmäßig unter fließendem Wasser reinigen, werden sie Ihnen lebenslänglich gute Freunde sein.

Mobiles

Im Gegensatz zu den Lampions und Girlanden können wir „Westler" uns mit Mobiles problemlos anfreunden. Modernes Design, liebliche Formen, das entspricht bedeutend mehr unserer Kultur als rote Lampions oder farbenprächtigen Girlanden.

Mobiles, Girlanden, Windspiele und bunte Bänder, sie alle werden von der gleichen Energie, dem Wind, genährt und zum Leben erweckt. In China ist der Wind der Vater von vielen guten Lüften: dem Reichtum, der Fülle und des Glücks. So sind Mobiles, die vom Wind angehaucht werden, ein Symbol des Lebens, des Reichtums sowie des Glücks.

Mönche

Mönche widmen ihr Leben dem Studium der inneren Werte. Doch wir alle, die manchmal in einem sehr stressigen Alltag oder Beruf eingebunden sind, können uns höchstens am Feierabend oder am Wochenende der geistigen Weiterbildung zuwenden. Aber sehr oft sind wir dann bereits schon so erschöpft, daß für Meditation, Weiterbildung und innere Schulung kein großer Platz mehr ist. So bleiben wir halt lebenslänglich eine Art „kleine Mönche". Während die Skulpturen der großen

Meister und Weisen die Vollendung der geistigen Entwicklung symbolisieren, sind Kindermönche eine liebevolle Selbstdarstellung unserer eigenen Persönlichkeit auf dem Weg zum großen Ziel. Ideale Standorte sind die Zone 8 (Wissen), die Zone 3 (Donner) sowie die Zone 4 (Reichtum / innerer Reichtum).

Ochse und Bauer

Zen

Die Geschichte des Bauern, der seinem entflohenen Ochsen hinterher jagt, bis er lernt, mit ihm gemeinsam den Weg zu gehen, ist eine der ganz großen philosophischen Geschichten Asiens. Die Ochsengeschichte (wie sie landläufig genannt wird) ist eine Reise über 10 Stufen zur Erleuchtung und beinhaltet einen extrem hohen spirituellen Stellenwert. Falls Ihnen diese Erzählung nicht bekannt ist und Sie sich für asiatische Philosophie interessieren, so kann ich Ihnen diese Geschichte wärmstens empfehlen. Die 10. Stufe (der Bauer reitet auf dem Rücken des Ochsen nach Hause und spielt dabei Flöte) ist in Asien ein weit verbreitetes Symbol für Erfolg auf dem Fundament von intelligentem Denken und Handeln. (Standort: Zone 9 = Ruhm).

Pagode

Die Pagode ist ein Tempel des Wissens und der Weisheit, der Ruhe und der Stille. Die Pagode ist ein Ort der Kraft und entspricht im Feng Shui der Zone 8 (Berg). Eine Abbildung von einer Pagode symbolisiert die innere Mitte, die Kraft des Geistes sowie das aktive innere Wachstum. Wer mehr weiß oder wissend ist, steht gefestigt wie ein Berg oder eine Pagode und ist durch nichts zu erschüttern. Das sanft geschwungene Dach einer Pagode, an dem der Wind zum Himmel hochsteigt, ist die Verbindung zum Göttlichen.

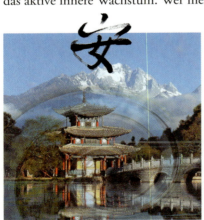

Führt eine Brücke über das stille Wasser von einem See zum Tempel des Wissens, so verbinden sich die Kräfte des Himmels mit der Tiefe des Wassers.

Dieses Bild ist das Sinnbild vom Pfad der Weisheit.

Die Pagode ist perfekt nach den 5 Tieren ausgerichtet. (Berg hinten, Hügel rechts u. links, See (vorne)

Pa-Kua-Spiegel

Pa-Kua-Spiegel und Regenbogenkristalle erleben eine so extreme Verbreitung, daß sie bereits als das „Aspirin des Feng Shui" betitelt werden.

Doch genau so wie die Regenbogenkristalle, die als Transport- und Verlängerungsbahn für Chi-Energie dienen und entsprechende Ansprüche an das Material stellen, brauchen auch die Pa-Kua-Spiegel gewisse Regeln, die unumstößlich sind.

Abstrakt und technisch ausgedrückt ist ein Pa-Kua-Spiegel ein achteckiger Spiegel, der mit den acht Trigrammen in der Anordnung des „pränatalen Himmels" versehen ist.

Im „pränatalen (früheren) Himmel" steht unten die Erde, oben ist der Himmel und wir Menschen befinden uns, wenn wir in den Spiegel sehen, in der Mitte. Alle Werkzeuge des Lebens (Trigramme) befinden sich in einer perfekt harmonischen Weise um den Spiegel herum. Die Anordnung entspricht dem Ursprung, dem Nichthandeln, dem Wahren und der absoluten Harmonie. Dies ist der Anfang und auch das Ziel.

In der Lehre des Feng Shui selbst wird eine andere Anordnung für die Aufteilung der neun Sektoren verwendet, es ist der postnatale (spätere) Himmel. Hier stehen die einzelnen Trigramme in Interaktion, sie lösen gegenseitig Bewegung und Veränderung aus, genauso wie es in unserem Alltag und unserem Leben zugeht. Nichts desto Trotz haben wir alle den Wunsch, wieder zur Ruhe und zur Harmonie zu finden, also zum „pränatalen Himmel." Und diesen Ursprung finden wir im Pa-Kua-Spiegel.

ANMERKUNG: Ist nun ein 8-eckiger Spiegel überhaupt nicht beschriftet, so kann er weder für die eine noch die andere Wandlungsform stehen. Die Aussage des Spiegels ist somit gleich Null. Kein Chinese würde einen unbeschrifteten achteckigen Spiegel zum Wert eines Pa-Kua-Spiegels emporheben.

Doch auch die Art und Weise der Beschriftung unterliegt eigenen Regeln und Gesetzmäßigkeiten. Bereits in den ganz alten Schriften wurde festgehalten, daß ein Spiegel nie direkt beschriftet werden darf, denn früher gab es weder wasserfeste Filzstifte noch genügend haftende Farben, so daß die Trigramme entweder in die Spiegel hätten geritzt oder gekratzt werden müssen. Dadurch wäre allerdings die Kompaktheit des Glases zerstört worden. So entschied man sich, Spiegel ausschließlich auf der Rückseite zu beschrif-

Auf diesem Bild finden Sie zwei verschiedene Ausführungen von traditionellen Pa-Kua-Spiegeln. Der rot-grüne Holzspiegel ist der Standardspiegel aus China, allerdings meist von äußerst schlechter Qualität. Der gelbe Spiegel ist eine weitere, sehr gebräuchliche Variante, die aber um einiges besser verarbeitet ist.

ten. Später wurde ein Holzrahmen um den Spiegel gefertigt, der nun mit den Trigrammen bemalt werden konnte. Seit der modernen Lasertechnik ist es nun möglich, den Spiegel von der Rückseite her zu gravieren, ohne das Glas vorne zu beeinflussen. So sind seit zwei Jahren Pa-Kua-Spiegel, die allen Regeln der Alten Weisen entsprechen, überhaupt erst erhältlich.

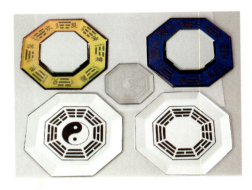

Die fünf hier abgebildeten Spiegel sind mit modernster Technik von der Rückseite her beschriftet und entsprechen somit allen ursprünglichen Anforderungen.

Spiegel gibt es in drei Variationen: gerade, konkav und konvex.

Gerade Spiegel ziehen immer die Energie an, die sich im Spiegelbild befindet. Dies gilt natürlich auch für alle „normalen Spiegel", die wir zu Hause haben (Bad, Garderobe, Schlafzimmer usw.). Daher ist es äußerst sinnvoll, erst einmal zu kontrollieren, was sich gegenüber des Spiegels befindet und ob diese Energie es wert ist, daß sie verdoppelt wird. Ein gerader Spiegel verlangt also immer und jederzeit ein schönes Gegenüber. Dies können Sie mit Bildern, gesunden und blühenden Pflanzen oder einem erfreulichen Symbol oder Gegenstand erreichen. Ein gerader Spiegel sammelt allerdings die Energie, die er anzieht, nicht, denn er wirkt wie ein Bumerang und sendet somit das Chi (im schlechten Fall das Sha) zurück. Dank einem attraktiven Spiegelbild erschaffen Sie einen extrem hohen Fluß an guter Energie, die sich im Laufe der Zeit im ganzen Raum ausbreiten wird.

Konkave Spiegel sind wie kleine Schalen, in denen die gute Energie gesammelt werden kann. Wenn Sie eine Schüssel in das Spülbecken stellen und den Wasserhahn aufdrehen, dann sammelt sich Wasser darin. Das gleiche Prinzip gilt für die konkaven Spiegel. Auch hier gilt wiederum das gleiche Prinzip, wie für die geraden Spiegel: das Gegenüber, das Spiegelbild, entscheidet, was Sie sammeln werden. Es macht fürwahr einen Unterschied, ob Sie die Kraft eines blühenden Baumes oder die stumpfe Farbe der Nachbarhaus-Fassade zu sich hinein ziehen. In Hongkong, wo sehr viele Menschen in Hochhäusern leben, werden die Spiegel (gerade und konkave Form) sehr gerne auf die Fensterbänke gelegt, um die kraftvolle Energie des Himmels und mit ihr die guten Geister anzuziehen und zu sich nach Hause einzuladen. Das funktioniert natürlich nicht nur in Hochhäusern sondern überall, wo sich der Himmel im Spiegel wiederholen darf (Abb. Seite 67, oben).

Konvexe Spiegel haben eine ganz andere Funktion als die geraden und konkaven. Sie sind dazu da, Dinge und Energien zurückzusenden, die unerwünscht sind. Wenn wir das Beispiel der Schüssel im Spülbecken nehmen, dann wird bei dieser Variante die Schüssel verkehrt herum hineingestellt. Drehen Sie nun den Wasserhahn leicht auf, so fließt das Wasser über die Halbkugel ab. Genauso wird negative Energie einfach abfließen und findet auch keinen Halt, um zu bleiben und zu stören. Wird nun der Wasserstrahl verstärkt, so spritzt das Wasser auf allen Seiten weg. Eine starke negative Energie und jede empfindliche Störung wird somit postwendend zu seinen Verursachern zurückgeschickt. Auf diese Art und Weise werden spitzige Hauskanten von Nachbargebäuden, böse Energien von Menschen, Laternenmasten und alle weiteren Formen von Emissionen bekämpft Abb. Seite 67, unten).

Doch auch hier gibt es eine ganz spezielle Variation: Fließt in einem Zimmer die gute Energie zu schnell weg (Beispiel: Sie möchten die kreative Energie noch etwas länger im Raum behalten), dann kann dank der konvexen Form die gute Energie auf eine Art „Extra-Runde" geschickt werden und die kreativen Impulse zirkulieren länger und stärker. Da es mit den Spiegeln für den westlichen Geschmack etwas lustig aussehen kann, empfehlen sich ganz kleine Rosenkugeln (ca. 5 cm groß), die zu den Zimmerpflanzen am Fenster gesteckt werden. (Siehe Rosenkugeln Seite 32-34.)

Je nach Feng-Shui-Schule wird gelehrt, daß Spiegel äußerst sparsam, extrem üppig, nur draußen oder generell überall verwendet werden dürfen. Hier sind hauptsächlich geographische Unterschiede aus dem riesigen China die Ursache. Persönliche Vorlieben der einzelnen Meister haben einen weiteren, nicht unerheblichen Teil zu diesen Diskrepanzen beigetragen. Da mit Spiegeln innerhalb der Wohnräume sehr schnell „große energetische Fehler" gemacht werden können (wenn das Spiegelbild nicht stimmt), wurde den Anfängern erst einmal gelehrt, in den Innenräumen keinerlei Spiegel einzusetzen. Im Laufe der Ausbildung wurde diese Regel dann meist relativiert. Wenn Sie sich etwas Gutes tun möchten, dann überprüfen Sie in Ihrem Zuhause alle Spiegelbilder – es lohnt sich. Mit dieser Sorgfalt können Sie auch die geraden und die konkaven (sammelnden) Pa-Kua-Spiegel getrost zu Hause aufstellen.

Phönix

Der Phönix ist eines der fünf klassischen Tiere des Feng Shui und verkörpert das weibliche Prinzip. Wie der (die) Phönix in der deutschen Sprache zum männlichen Artikel gekommen ist, weiß vermutlich niemand mehr so ganz genau.

Die Phönix verkörpert gemeinsam mit dem Drachen das Yin-Yang des Himmels. Sie sind das in alle Ewigkeiten verbundene Liebespaar.

Für sich alleine verkörpert die Phönix, die aus der Asche gestiegen ist, die Unendlichkeit und die Wiedergeburt. Auch die Energie und die Kraft der Hoffnung, eine der ganz großen Triebmotoren von uns Menschen, wird durch die Phönix repräsentiert. Ein Bild von einer Phönix schenkt uns Menschen die Kraft, weiterzumachen, schwierige Zeiten durchzustehen und den Mut nie zu verlieren. Obwohl dieses Symbol bei uns noch ziemlich selten zu finden ist, wird die Phönix sicherlich bald auch unsere Breitengrade erreichen, denn ihre Botschaft ist wunderschön und wirkt wie ein sanfter Balsam auf unsere gestreßten Seelen.

Die Farben der Phönix sind rot und orange und ihre Himmelsrichtung ist der Süden.

Regenbogen

Regenbogen sind eine wunderschöne Schöpfung des Himmels und beglücken uns Menschen immer wieder. Es ist uns bis heute nicht gelungen, einen Regenbogen auf die Erde hinunter zu holen oder seinen Anfang oder sein Ende festzuhalten. Regenbogen erscheinen, verzaubern uns und lösen sich einfach wieder in das große Nichts auf.

Regenbogen erscheinen uns nur dann, wenn die Sonne in den Regen scheint. Sie sind die Krönung zweier, im zerstörerischen Zyklus miteinander verbundenen Elemente, die gemeinsam eine neue, dritte Energie erschaffen.

Wenn Feuer (Sonne) und Wasser (Regen) aufeinandertreffen, entsteht auf der Erde der Dampf, im Himmel ein Regenbogen. So ist es auch nicht verwunderlich, daß Regenbogen im Feng Shui für die Krönung jeglicher Verbindung und Verschmelzung stehen. Sie zeigen uns, daß das Unmögliche möglich ist und daß jenseits von unserem Verstand Dinge geschehen, die wir nur staunend akzeptieren können.

Das hier abgebildete Regenbogen-Windspiel ist sehr preiswert und besteht aus fünf Stäben, die einen sehr hellen Klang von sich geben. Damit symbolisiert dieses Windspiel zusätzlich einmal den Bereich Gesundheit in einer farblich starken, leuchtenden Ausdruckskraft und zum anderen, durch den hellen Ton, die Heiterkeit.

Die klassischen Hilfsmittel und Symbole im Feng Shui

Im alten China war der Regenbogen die Brücke zwischen Yin und Yang, dem Weiblichen und dem Männlichen. Nur durch deren Verbindung im Regenbogen konnte die dritte Energie entstehen, ein neues menschliches Leben.

Regenbogen beinhalten die sieben Spektralfarben des Lichtes und je leuchtender die Farben sind, desto stärker kann die neue Energie werden. Daher sind Windspiele in den Regenbogenfarben im Feng Shui meistens sehr farbintensiv und leuchtend.

So sind auch alle Kristalle, die Regenbogen in die Räume zaubern, die Brückenbauer zwischen der Yin- und der Yang-Energie.

Das gleiche gilt auch für alle Objekte, Mobiles und Bilder, die in den Regenbogenfarben bemalt sind.

Räucherstäbchen

Jede Botschaft an (in) den Himmel wird in Asien von einem Räucherstäbchen begleitet. So wie der Rauch in die Höhe zu steigen beginnt, so reist die Nachricht auf dieser kleinen Wolke mit. Räucherungen sind absolut selbstverständliche Gesten an die Götter.

Chinesische Räucherstäbchen haben manchmal einen etwas beißenden Geruch für unsere Nasen. Da wir die Räucherstäbchen normalerweise nur in geschlossenen Räumen anzünden, die Asiaten jedoch sehr häufig draußen und vor den Tempeln räuchern, bedarf es je nach Situation auch anderer Mischungen und Qualitäten.

Spezielle Gebets-Räucherstäbchen

Rote Stempel

Ob Kalligraphien, Wandbilder, Rollbilder oder Karten, fast immer befindet sich auf der Seite ein kleiner roter Stempel. Sein Inhalt, Name des Künstlers sowie Ort und Datum, ist weitaus weniger spektakulär als seine visuelle Ausdruckskraft. Auch bei uns ist der Siegellack rot, es spricht also primär die Farbe und durch sie das Element Feuer und erst anschließend folgt die Botschaft. Wichtige Dinge werden also immer Rot gestempelt.

Schildkröte

Die Schildkröte steht für eines der fünf Tiere des Feng Shui und verkörpert den Schutz und die Sicherheit. Ihr Panzer schützt vor allen Angriffen aus dem Norden, von wo in China ein eisiger und kalter Wind weht, und auch bei uns ist diese Briese kein besonders freundlicher Wind.

Im Alltag wird dieser „kalte Angriff von Norden" mit jenem auf den für uns Menschen ungeschützten Rücken gleichgesetzt. Der Panzer der Schildkröte wirkt wie ein warmer Mantel, der uns schützt. Doch es sind nicht nur Winde, die wir Menschen von uns abhalten möchten, das Bedürfnis nach Schutz und Sicherheit brauchen wir in vielen Lebenssituationen. Je mehr Schutz Sie brauchen, desto mehr wird die Schildkröte zu einem wertvollen und treuen Freund.

Die Farbe der Schildkröte ist schwarz oder blau und die Himmelsrichtung ist der Norden.

(Mehr zur Anordnung und zum Wesen der fünf Tiere in dem Buch „Wenn Räume erwachen", Windpferd Verlag)

Schlange

Auch die Schlange ist eines der fünf Tiere des Feng Shui und steht für die Mitte, die Ruhe und den Frieden. Wie eine Sonne, die in alle Richtungen strahlt und wärmt, erweckt die Schlange in uns und unseren Mitmenschen Energie und Tatkraft.

Ob beim Tai-Chi, Chi-Gong oder anderen Chi-erweckenden Praktiken, immer wird die Energie in der Mitte des Körpers, dem Tantien (bei den Japanern Hara genannt), gesammelt, aufgebaut und anschließend in die entsprechenden Organe oder Körperteile weitergeleitet.

„In der Ruhe liegt die Kraft", „um die Mitte dreht sich alles", „in der Mitte liegt die Kraft", alle diese großen und weisen Worte sind direkt mit der Symbolik der Schlange verbunden. Die Farben der Schlange sind braun, ocker, gelb und gold und die Himmelsrichtung ist die Mitte.

Schneekristalle

Der Schneekristall ist ein Symbol aus dem japanischen Feng Shui. Dieses äußerst filigrane, zerbrechliche und zarte Gebilde kann nur in der Gegenwart, im Moment des Hier und Jetzt leben. Der Schneekristall, wie auch die Eisblume, symbolisiert zusätzlich noch die Reinheit und das Edle.

In zahlreichen japanischen Spielfilmen fällt Schnee vom Himmel, und im letzten Akt wird der sterbende Hauptdarsteller über und über mit Schneeflocken und Schneekristallen bedeckt. Auf diese Weise wird der Gegenwart eine überdimensionale Gewichtigkeit gegeben und weder Vergangenheit noch Zukunft sind in irgendeiner Form präsent.

Wir leben in unseren Gedanken sehr oft in der Vergangenheit oder in der Zukunft, doch unser Leben findet im Hier und Jetzt statt. Würden wir alle Energie, die wir in die vergangenen Zeiten und in die zukünftigen Gedanken verbrauchen, im Jetzt bündeln, so hätten wir plötzlich mehr Zeit und mehr Kraft. Die Weichen, die wir heute stellen, sind der Erfolg, der Friede, der innere und äußere Reichtum von morgen. Das Hier und Jetzt ist die Weiche für unseren morgigen Lebensweg, eine Art Schaltzentrale unseres ganz persönlichen Glücks. Dies ist das Prinzip, das in den Schneekristallen wohnt.

Schneekristalle werden primär der Himmelsrichtung des Nordens oder der Zone 1, die für den Lebensweg und die Karriere steht, zugeordnet. Doch auch überall, wo unsere Gedanken abschweifen, ob in der Liebe, im Beruf, der Gesundheit oder der Lebensfreude, sind die Schneekristalle der Wegweiser zurück in die Gegenwart.

Schneekristalle und die Zen-Philosophie sind in ihrem Innersten untrennbar miteinander verbunden.

Die klassischen Hilfsmittel und Symbole im Feng Shui

Schriftzeichen

Das Auftreten, die würdevolle Haltung

Der Friede, der Himmel auf Erden

Chinesische Schriftzeichen sind äußerst beliebte Glücksbringer, Beschützer und Boten der Kraft. Die kalligraphische Niederlegung eines Wortes teilt sich normalerweise in zwei Verfahrensweisen: Die erste hat zum obersten Ziel, schön, elegant, gediegen und auch nach allen Richtlinien korrekt zu schreiben.

Die zweite Art beherrschen nur ganz wenige Menschen, denn die Aussage des Wortes wird mit der entsprechenden Chi-Energie während des Schreibens verbunden. Eigentlich alle großen Meister, sei es im Feng Shui oder der Kampfkunst, haben durch jahrelanges Praktizieren von Chi Gong und verwandten Praktiken ihre inneren Kräfte auf ein extrem hohes Level katapultiert. Wenn ein Meister kalligrafiert, ist die Atmung immer parallel zu den Strichen.

Damit die Hand ruhig bleibt, wird die Energie über den Atem ausgestoßen, und so wird eine energiegeladene Kalligrafie bei ihrer Entstehung immer von zischenden, dumpfen, lauten, leisen oder auch hallvollen Lauten begleitet.

Auch wir hier im Westen, die kein Chinesisch lesen können, spüren den Unterschied an Energie. Selbst auf einer Reproduktion ist die Art und Weise der Entstehung noch ganz deutlich spürbar.

Gute Worte haben überall ihr Zuhause. Natürlich sind Kalligraphien, auf denen das Wort Liebe oder Leben steht, am vorteilhaftesten in der Parterschaftszone. Doch Liebe kennt keine Grenzen und somit gibt es auch keinen falschen Standort. Universell sind natürlich auch Glück, Chi, Tao, Friede und so viele schöne Worte mehr.

Sonne

Das Feng Shui kennt drei Hauptquellen, die die Schöpfungskraft der Chi-Energie beinhalten. Es handelt sich dabei um Licht, frische Luft und Wärme. Die Wärme, und mit ihr das Wärmegefühl, wird durch die Sonne am direktesten stimuliert. Wenn die Sonne in den grauen Wintermonaten kaum richtig scheint, so ist es, als ob uns jemand ein Lebens-Elixier weggenommen hätte. Ob Mensch, Tier oder Pflanze, im Frühjahr werden wir durch die Sonnenstrahlen wachgekitzelt und tanken an dieser lieblichen Wärme innerlich wieder auf.

Die klassischen Hilfsmittel und Symbole im Feng Shui

Die Sonne spendet uns Kraft, Energie und Lebensfreude. Somit verhilft sie indirekt auch unserer Gesundheit und unserer inneren Harmonie. Eine Sonne zu Hause ist das Symbol all dieser Stärken und der großen, universellen Wärme, die nie versiegt. In den alten Kulturen (in Japan bis heute noch) war die Sonne immer weiblich und wurde als Sonnengöttin verehrt, als Symbol der universellen Wärme und Liebe. Erst viel später wurde bei uns der Mond zum Symbol des Weiblichen und die Sonne zum Sinnbild der männlichen Energie.

Sonnenmotive sind einfach zu finden, es gibt unzählige Varianten. Aus Holz, Plastik, Metall, in groß und in klein, bunt und neutral. Selbst an Windspielen, auf Zifferblättern von Uhren und auf der Bettwäsche finden wir überall das Motiv der strahlenden Sonne.

Ohne die Sonne könnten wir auf diesem Planeten nicht existieren. Sie läßt die Pflanzen wachsen und uns Menschen gedeihen. Die Sonne unterstützt nach Feng Shui am stärksten die Bereiche Gesundheit (5), Lebensfreude (7) und die Zonen Reichtum (4) und Partnerschaft (2). Aber auch jede weitere Zone kann durch die Kraft der Sonne gestärkt werden und auf die Zone Lebensweg (1) hat sie die positive Nebenwirkung, daß sie den ersten Schritt, den Anfang leichter wirken läßt. Ein Sonnensymbol ist, unabhängig von der Pa-Kua-Zone, immer eine Aktivierung von wohltuender Energie.

Wenn die Strahlen der Sonne einen Kristall im Fenster berühren, so ist es, als ob diese zweite Sonne zu strahlen beginnt.

Spiralen

Zwei Sorten von Spiralen sind bei uns bekannt und verbreitet, die einen aus Kristallglas (S. 74, oben) und die Metallspiralen (S. 73). Momentan erreichen uns aus den USA alle Arten von Plastik- und Glitzerfolien-Spiralen, die allerdings mehr spielerisch dekorative Artikel als Feng-Shui-Hilfsmittel sind. Sie sind bunt und lustig anzusehen und unterstützen die Lebensfreude. Einige Kunststoff-Spiralen sind sogar mit einem kleinen Motor versehen, damit sie sich unaufhörlich drehen – ideal um das „innere Kind" in uns zu wecken.

DNS-Spiralen sind (mit einigen wenigen Ausnahmen) aus Metall gefertigt und dienen der Energetisierung von Wohn- und Arbeitsbereichen. Sie wirken äußerst aktiv in den Energiehaus-

halt eines Raumes ein. Ich halte es daher für sehr sinnvoll, Metallspiralen nicht einfach irgendwo aufzuhängen, sondern ausschließlich durch eine Fachperson den richtigen Ort zu definieren. Durch das Element Metall werden klärende Energien freigesetzt, doch sehr oft sind damit auch Konfrontationen mit der aktuellen Lebenssituation verbunden. Wer zu sehr „klaren Tisch" macht, kann sehr schnell über sein Ziel hinausschießen, andere Menschen brüskieren und deren Gefühle verletzen. Metallspiralen sind aktive Spiralen, das heißt, sie sind ständig etwas in Bewegung und drehen sich in sich selbst. DNS-Spiralen sind ein sehr wirksames Hilfsmittel, energiearme Zonen aufzuwerten, Lebenssituationen zu klären, neue Wege zu aktivieren, doch sie gehören in die Hände von Spezialisten.

Ganz anders verhalten sich die Kristallglas-Spiralen. Sie entsprechen durch ihr Material dem Element Wasser und stehen für Kommunikation und das Miteinander. Das nette, konstruktive Gespräch, der Austausch von Gefühlen und Ideen, ist ein wichtiges Fundament für jede Partnerschaft und alle privaten wie auch geschäftlichen Ziele und Interessen.

Kristallglas-Spiralen sind ein Symbol des Unendlichkeitsprinzips, sie haben weder Anfang noch Ende. Daher gibt es für die Chinesen auch keine links- oder rechtsdrehenden Spiralen. Dreht sich die äußere Windung nach links, so windet sich die innere automatisch nach rechts. Diese Unterteilung einer unendlichen Spirale in links- und rechtsdrehend ist in etwa so, als ob man das Yin-Yang-Symbol erst auseinanderbrechen würde, um es anschließend wieder zusammenzufügen. Hat eine Spirale jedoch nur einen einzigen Arm, dann entspricht die Energieform der linksdrehenden Spirale der Yin-Energie und dem Weiblichen, und die der rechtsdrehenden, dem männlichen Prinzip, dem Yang.

Das Herzstück einer jeden Kristallspirale ist die Numerologie. Durch die Anzahl der inneren und äußeren Windungen erhält die Spirale ihre Aussagekraft und ihre innere Größe. Die acht Windungen in der äußeren Spirale stehen für die gesamten Einflüsse, die dem Menschen im Laufe seines Lebens begegnen (8 x 8 = 64 = I-Ging, und die acht äußeren Zonen des

Pa-Kua – die Mitte wird der inneren Spirale zugeteilt). Die innere Spirale mit ihren zwölf Windungen entspricht dem Menschen (zwölf astrologische Zeichen) und dem Prinzip alles Vergänglichen, der Zeit, mit der wir untrennbar verbunden sind.

Kristallspiralen können Sie wunderbar in Zonen mit tiefem Energiefluß, in allen Ecken und bei sehr hohen Räumen auch an der Decke aufhängen. Sie sind sehr zerbrechlich, also nicht vor ein zu öffnendes Fenster hängen. Und direkt über dem Sitzplatz oder über dem Bett sind grundsätzlich gar keine Hilfsmittel, auch wenn sie über noch so tolle Eigenschaften verfügen, sinnvoll.

Je weniger Kristallspiralen sich drehen, desto näher sind sie bei ihrer Kernaussage: die innere Mitte und innere Ruhe zu finden, oder, wie es das TAO so schön sagt:

Handeln durch Nichthandeln

Tiger

Auch der Tiger zählt zu den fünf Tieren des Feng Shui. Er verkörpert die Aktivität, die Energie und die Tatkraft. Seine Stärke ist das Synonym für unseren ganz persönlichen Lebenskampfgeist. Wie wir unser Leben meistern, hängt nicht selten von unserem „Überlebensgeist", unserem inneren Kampfgeist ab. Ein Tiger weicht zurück, aber er gibt niemals auf.

Tigersymbole und Zeichnungen mit Tigern sind immer ein Ausdruck von Kraft und Stärke. Sie verkörpern die fast nicht zu bändigende und riesige Energie, die in jedem von uns steckt.

Wer große Vorhaben in sich trägt und eine Aufgabe bewältigen möchte oder muß, die extrem viel Kraft benötigen wird, kann sich mit einem Tigerbild unterstützend stärken.

Die Farbe des Tigers ist weiß und seine Himmelsrichtung ist der Westen.

Ein chinesisches Sprichwort sagt:

Lock den Tiger aus den Bergen.

Da es sich um ein strategisches Bildnis handelt, sind weder Berge noch ein Tiger gemeint, sondern die unbändige, explosive Kraft, die wir in uns selber erwecken können, um große und wichtige Taten zu vollbringen. Als hohe Kunst der Strategie wird die Fähigkeit, „bei unseren Mitmenschen die Tiger aus den Bergen zu locken" gelehrt und praktiziert.

Türschild

Türschilder und Geschäftsbeschriftungen beinhalten ganz wesentliche Aussagen. Die Größe, die Form, die Farben, das Material und der Standort werden genauestens analysiert. Die *Corporate Identitiy* einer Firma hat eine viel weitreichendere Bedeutung als bei uns, denn es kann über „Gedeih und Verderben" entscheiden. Daher ist es auch nicht erstaunlich, daß weder der Firmenboß, noch der Inhaber oder der Grafiker, sondern der Feng-Shui-Meister das letzte Wort bei der Firmenbeschriftung haben.

Im privaten Rahmen wird das Türschild analog zu der gesellschaftlichen Stellung wichtig, für „normale Sterbliche" genügt eine saubere, deutliche und einwandfreie Beschriftung.

Unsterbliche

Die sieben (oder acht) Unsterblichen sind Persönlichkeiten, die nicht nur die absolute Weisheit erlangt haben, sondern auch übernatürliche Fähigkeiten besitzen. Je nach Erzählung handelt es sich um sieben Männer oder aber um sieben Männer und eine Frau. Obwohl in China diese Erzählungen sehr verbreitet sind, haben bei uns die chinesischen Unsterblichen keine nennenswerte Bedeutung. Die Chinesen stellen die sieben (acht) Unsterblichen gerne in der Nähe ihrer Hausaltare auf, da diese Persönlichkeiten in den Wolken und im Himmel leben und mit dem Überirdischen verbunden sind.

Wasserfälle

Wasser wird im Feng Shui mit zwei Energien assoziiert: Zum einen mit Kommunikation (Element Wasser) und zum anderen mit Geld. Ein großer, tosender Wasserfall entspricht somit einem unendlichen Geldregen, unter den sich jeder gerne stellen wird. Doch gerade bei Wasserfallbildern ist äußerste Vorsicht bei der Auswahl geboten. Was nützt nämlich der schönste Wasserfall, wenn darunter kein großer See ist, der den Geldregen sammeln kann? Hier lautet eine einfache Faustregen: ein Teil Wasserfall, zwei Teile See. Der See muß das Gefühl vermitteln, daß er tief, breit und mächtig ist und den Wasserfall mindestens zweimal in sich aufnehmen kann, bevor er die Energie wieder weitergibt.

Ein Wasserfall ohne See ist wie ein Lottogewinn, dem auf dem Fuß eine Nachzahlungsforderung vom Steueramt folgt. Am Schluß bleiben vielleicht ein „paar Tropfen" über, und der ganze, große Segen war nichts weiter, als ein „durchlaufender Posten".

Wasserfall-Bilder sind wunderbare, hochenergetische und aktivierende Kraftspender, die Ihnen nicht nur die Reichtumszone (4) optimieren können, sondern auch die Lebensfreude (7), den Lebensweg (1), die Gesundheit (5) und die Liebe (2).

Oftmals werden Wasserfall-Bilder nicht gerahmt, damit der Reichtum unbegrenzt fließen kann, was grundsätzlich perfekt wäre. Da Papier allerdings etwas heikel ist, können ungerahmte Bilder farblich ausbleichen, vergilben und ausgefranste Ecken und Seiten bekommen. Bilderrahmen aus Glas, in Blau oder in Schwarz entsprechen jedoch dem Element Wasser, so daß diese Begrenzung lediglich eine Wiederholung darstellt.

Windspiele

Windspiele, auch Windglockenspiele genannt, sowie die Zauberglöckchen zählen mit zu den am häufigsten verwendeten Feng-Shui-Hilfsmitteln. Sie sind die Botschafter von zwei wunderschönen Aussagen:

Die Fröhlichkeit und das Helle

(durch den Klang) und

Das Leben

(das der Wind den Stäben einhaucht).

Gerne werden Windspiele und Zauberglöckchen über der Eingangstüre aufgehängt. Dies ist eine Art „Feng-Shui-Alarmanlage". Wird die Türe geöffnet, so ertönt ein Klang. Auch im Garten oder auf dem Balkon sind klingende Windspiele immer ein Zeichen von Leben und eine Information an die ungebetenen Gäste, daß das Haus oder die Wohnung bewohnt ist.

Das Anbringen von Windspielen bedarf nur einiger ganz weniger Hinweise, die ganz einfach zu verstehen sind. Über der Türe erklingt das Windspiel nicht durch den Wind, sondern durch den Kontakt mit der Türe. Hier ist es ganz wichtig, daß nur eine sanfte Berührung stattfindet, denn ansonsten schlagen die Stäbe fürchterlich zusammen und das Windspiel erklingt nicht mehr, es „dröhnt und schäppert". Gleich wie bei den Spiralen, Lampen, Kristallen und vielem mehr: über dem Sitzplatz darf nichts direkt über den Köpfen plaziert sein, und auch beim Schlafplatz sollte die Decke frei von herunterhängenden Gegenständen sein (Guillotine-Effekt). Im Garten oder auf dem Balkon ist es eine Frage der Windstärke, wie hell oder wie stark das Windspiel sich bewegt. Auch hier gilt: ein sanftes Erklingen ist schöner als ein „stürmischer Klang".

Selbstverständlich hat auch die Anzahl der Stäbe einen Bedeutung, dazu kursieren allerdings die erstaunlichsten Geschichten. Glücklicherweise gibt es keine „falsche Anzahl an Stäben". So wird ein Windspielen mit drei Stäben oder Ornamenten öfters von Hand angespielt, mit vier Stäben (das ist die schwierigste Zahl) wird der Reichtum erweckt, mit fünf Stäben ist die Verbindung zur inneren Mitte und der Gesundheit zentraler Aspekt, mit sechs Stäben werden die himmlischen Helfer eingeladen und mit sieben Stäben wird die Freude am Leben wachgeküßt. Neuerdings streiten

sich die Gemüter, ob hohle oder gefüllte Stäbe besser sind. Entscheiden Sie mit Ihrer inneren Stimme, hören Sie auf den Ton und lassen Sie das Auge mitentscheiden.

An vielen chinesischen Amuletten werden kleine Glöckchen befestigt, damit sie durch den Wind zu leben beginnen und ihre Kraft entfaltet wird.

Yin-Yang

Das Yin-Yang-Symbol ist sicherlich das bekannteste chinesische Symbol überhaupt. Zwei gleich starke Zwillingskräfte sind so untrennbar in einem Kreis vereint, daß keines ohne das andere existieren kann (oder nur dank dem anderen überhaupt existiert). Yin (wörtlich übersetzt: das Beschattete) und Yang (wörtlich übersetzt: das Besonnte) stehen in absoluter Harmonie und im totalen Gleichgewicht zueinander. Wo und wann immer wir in unserem Leben aus der inneren Mitte geraten, da sind die Yin-Yang-Kräfte nicht mehr in Harmonie.

Wut, Ärger, Trauer, Schmerz, Streß, Frust, Enttäuschung, fast alle unsere Gefühle sind entweder Yin- oder Yang-lastig. Die gesamte chinesische Medizin (Akupunktur, Akupressur) sowie die Heilgymnastik von Tai-Chi und Chi-Gong haben als Grundlage „das Prinzip der Fülle und der Leere". Die vorhandene Energie im Körper wird bewußt wieder ins Gleichgewicht gebracht und erst, wenn sie harmonisch fliesst, aufgebaut, gestärkt und vergrößert. Wenn Ihnen ein Backstein auf den Zeh fällt, so haben Sie eine (wenn auch ungewollte) Fülle – der mit der Leere oder dem Verteilen auf den ganzen Körper entgegengewirkt wird. Auch bei Wut und Streß sammeln wir Energien in uns, die eine ungesunde Fülle verursachen, dann haben wir das Gefühl, innerlich zu platzen. Enttäuschungen und Erschöpfung ergeben ein Gefühl der Leere, die neuer Energie bedarf.

Die Yin- und Yang-Kräfte sind in uns Menschen jederzeit und ständig in Bewegung und werden zum einen durch unsere Gefühle und zum anderen durch unsere

Symbole der Liebe

körperliche Verfassung stimuliert und beeinflußt. Das Yin-Yang-Symbol ist überall einsetzbar, um eine Balance wieder herzustellen oder eine Harmonie anzustreben.

Je nach Zone wirkt es auf andere Lebensbereiche: Ob Sie nun innerhalb der Partnerschaft eine stärkere Harmonie anstreben (Zone 2), gesundheitlich mehr Kraft und Stabilität wünschen (Zone 5), weniger Streß im Beruf (Zonen 1 und 9) und mehr Spaß am Leben (Zone 7), mehr inneren oder auch mehr äußeren Reichtum wünschen (Zone 4), das Yin-Yang-Symbol hilft überall und universell.

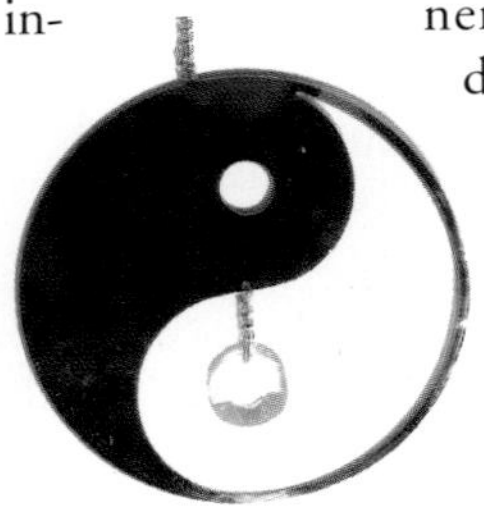

Keine Strasse ist lang mit einem Freund an der Seite.

— *Japanisches Sprichwort* —

Wir sind, was wir ausstrahlen

Innere Mitte

Bilder

Vor nicht allzu langer Zeit hat Hollywood die Titanic nochmals sinken lassen. Natürlich hat es nicht lange gedauert, bis die entsprechenden Poster und Bilder in den verschiedensten Wohnungen aufgehängt wurden. Das Beispiel der Titanic ist eines der besten Beispiele, um die Bedeutung bzw. den Inhalt von Bildern nach Feng Shui zu erklären: Das schwimmende Schiff als Bild ist ein imposantes Bauwerk, von dem allerdings das traurige Ende bekannt ist. Es ist somit ein Symbol des zukünftigen Untergangs, das Sinnbild einer bevorstehenden Tragödie und nach Feng Shui nicht empfehlenswert. Dagegen ist das Bild, auf dem das Liebespaar des Films mit ausgebreiteten Armen vorne im Schiff steht, ein Symbol der ewigen Liebe und der unendlichen Freiheit, aber auch dieses Bild wird vom traurigen Ende umschattet. Melancholie, Trauer und Wehmut werden stimuliert, Gefühle die mit dem ersten großen Liebeskummer verwandt sind. So ist es wohl nicht erstaunlich, daß sich Teenager wie magisch von diesem Bild angezogen fühlen.

Viele Menschen mögen abstrakte Kunst oder auch Bilder, auf denen nichts konkret erkennbar ist. Bilder, die aus Strichen, Wellen, Kreisen, Karos oder Punkten bestehen, haben zwar rein theoretisch ein „Oben und ein Unten", das ist die Sicht, wie es der Künstler gesehen hat. Doch es steht nirgends geschrieben, daß ein abstraktes Bild nicht um 90 Grad gedreht oder gar auf den Kopf gestellt werden darf. Ich habe schon einigen Bildern eine neue Perspektive und Aussagekraft gegeben, indem ich sie einfach nur gedreht habe. Und damit bin ich nicht alleine: Sicherlich haben auch Sie schon mit einem Schmunzeln davon gehört, daß in Galerien und Ausstellungen Bilder von ganz bekannten Künstlern verkehrt herum an der Wand präsentiert wurden. Hier sind Optimisten und Pessimisten aneinander geraten und das Feng Shui kann äußerst interessante Interpretationen und Aufschlüsse bieten und erklären, in welcher Zone sich der Künstler grün und blau ärgert oder dies als interessante oder gar amüsante Anregung aufnimmt.

Geerbte Ölbilder sind eine Geschichte für sich, denn meist sind sie, was den Handelswert betrifft, völlig unattraktiv. Aber es könnte sich ja trotzdem ein riesiger Wert dahinter verbergen und so verstauben die meist langweiligen Bilder still an der Wand. Eine „Landschaft im Nebel" dürfen Sie getrost von der Wand nehmen. Bringen Sie Ihr Bild zum Experten, der kann Ihnen auf den ersten Blick sagen, ob das Gemälde mehr als nur familiären Wert besitzt. Wenn Sie künstlerisch begabt sind, so können Sie der (falls wertlosen) Landschaft im Nebel einen Sonnenuntergang einhauchen und sie mit einem fröhlichen Rahmen aufpeppen.

Bilder sind keine „heiligen Kühe", obwohl wir sie gerne so behandeln. Sie geben oder nehmen den Räumen viel Energie. Nützen Sie Ihre Wände für Bilder, die Ihnen gefallen und die Ihnen Freude bereiten. Kinderbilder versprühen dank ihrer kräftigen Farben und der sichtbaren Lebensfreude riesig viel Chi. Der materielle Wert ist bei den Bildern im Feng Shui nichts weiter als zweitrangig.

Blumen und Pflanzen

Blumen und Pflanzen sind ein Symbol von blühendem Leben, von Kraft, Vitalität und Lebensfreude, solange sie gesund sind und Wurzeln haben. In diversen Feng-Shui-Büchern werden Pflanzen mit langen, spitzen Blättern verpönt und nur solche mit rundlichen und ovalen Blättern als gut befunden. Ich weiß von zahlreichen Menschen, die darauf hin ihre so lange geliebten Pflanzen liquidiert, entsorgt und weggeworfen haben. Das finde ich sehr traurig und vor allem von den Verfassern der Ratschläge etwas verantwortungslos. Wir haben nicht eine so große Vielfalt von Pflanzen auf dieser Welt, damit wir die Hälfte verachten. Die Form der Pflanzenblätter ist stellvertretend für die Elemente, und spitzige Blätter stehen für das Element Feuer

(Dreiecke) und lange, dünne Blätter symbolisieren das Element Metall, wenn sie wie kleine Messerchen oder Skalpelle aussehen. Wer jedoch das Element Erde in sich trägt, wird vom Element Feuer genährt, so daß dreieckige Blätter ideal wären. Wer als persönliches Element Wasser hat, der wird durch die Kraft des Elementes Metall unterstützt. Allerdings bedingen diese beiden Blattformen was die Pflanze betrifft eine sorgfältige Wahl des Standortes, damit die Energie der Blätter nicht das gute Chi, das im Zimmer fließt, trennen oder zerschneiden kann.

Pflanzen brauchen Pflege, Fürsorge und auch etwas von unserer Liebe. Sie mögen es, wenn man mit ihnen spricht und für sie sorgt. Manch eine Pflanze ist schon mehrfach mit ihren Besitzern umgezogen und erfreut sich eines hohen Alters. Doch manchmal sehen unsere grünen Freunde auch etwas älter aus, als sie in Wirklichkeit sind. Abgemergelt und ausgebrannt, mit dürrem Stämmchen und fallenden Blättern kümmern sie vor sich hin und mehr aus Faulheit als aus Barmherzigkeit werden sie noch geduldet. Manchmal kann man das Alter der Pflanze fast an der Staubschicht ablesen, die sich auf den Blättern befindet. Umtopfen, Wasser, Säubern oder etwas neue Erde würden bereits reichen, um der Pflanze wieder neuen Lebensmut zu geben.

Pflanzen sind Lebewesen und sie sind wie wir nicht unsterblich. An dem Tag, an dem wir sie erwerben, übernehmen wir die Verantwortung, für sie zu sorgen. Einer kranken Pflanze können Sie helfen, in dem Sie in die Zone 3 „Familie" gestellt wird. In der Zone Familie, auch Rotation genannt, wird sie wieder aktiv und falls sie noch die Kraft hat, wird sie auch wieder gesund. In die Zone Partnerschaft empfiehlt es sich, nur „Kurzzeit-Patienten" hinzustellen, da ansonsten der Bereich Partnerschaft die Ausstrahlung von krank und müde erhält. Für eine kranke Pflanze kann ein kurzer Aufenthalt in dieser Zone jedoch äußerst heilsam und aufbauend sein.

In der Mitte jedes Grundrisses, der Zone Gesundheit, fehlt meist das nötige Tageslicht, damit unsere grünen Freunde kraftvoll und stark wachsen, leben und blühen können. Daher ist es auf jeden Fall sinnvoller, keine Grünpflanzen im Bereich der Mitte aufzustellen, als solche, die nach kurzer Zeit alles andere als Gesundheit repräsentieren.

Schnittblumen können eine wunderbare Chi-Energie ausstrahlen, allerdings nur ganz kurze Zeit. Da sie von ihren Wurzeln getrennt worden sind, werden sie mit jeder Stunde schwächer, bis sie den Kopf hängen lassen und zu welken beginnen. Bei feierlichen Anlässen oder einfach nur zur persönlichen Freude zieren Blumensträuße und Arrangements mit Schnittblumen Tisch und Tafel. So lange die Blumen frisch sind und das Wasser sauber und klar ist, so lange wirkt das gute Chi. Lassen die Blumen die Köpfchen hängen, verläßt sie der Lebensatem und sie verwelken. Dies ist der späteste Zeitpunkt, den Strauß oder das Arrangement zu lichten und die welkenden Blumen zu entfernen. Viele Menschen trennen sich ungern selbst von völlig verwelkten Blumen, weil sie von einer Person geschenkt wurden, die ihnen sehr nahe steht. Da jedoch die Liebe und die Gefühle, die durch die Blumen dargestellt wurden, in der Geste des Schenkens und im Herzen wohnen, sind sie nicht an die Blumen gebunden. So dürfen Sie getrost die welkende Rose und den welkenden Strauß rechtzeitig entfernen.

Diverse Pflanzen sind nicht nur starke Chi-Spender, sie besitzen zusätzlich noch eine tiefere Symbolik und werden entsprechend geehrt und behütet:

Jasmin:	Symbol von tiefer, ehrlicher Freundschaft und innerer Schönheit
Weide:	Anmut, devotes und zurückhaltendes Wesen, Sanftmut
Pflaume:	Verbindung von Yin und Yang. Faires, klares Handeln (Äste und Früchte) in einer zarten, zerbrechlichen und sanften Weise (Blüten)
Lotus:	Unendlichkeits-Symbol und Gleichgewicht der Yin-Yang-Energien. Wurzeln unter Wasser = Unvergänglichkeit und die Kraft aus der Tiefe der geschwungene Stengel unter Wasser = Nabelschnur des Lebens Blüte über dem Wasser = Verwirklichung im Licht.
Pfingstrose:	Königliche Blume und Trägerin reiner Yang-Energie. Sie steht für Ruhm, Reichtum, Männlichkeit und Selbstverwirklichung im Licht.
Mandelblüte:	Symbol der weiblichen Schönheit, aber auch Sinnbild vom stillen und leisen Leiden.

Bücher

Immer wieder erzählen mir Kursteilnehmer und Klienten, daß sie in Feng-Shui-Ratgebern etwas über die Bücher-Fülle gelesen haben. So wurde schon oft der Ratschlag, die gelesenen Bücher im Keller zu lagern, umgehend ausgeführt, doch das Resultat war für viele Menschen niederschmetternd und enttäuschend. Das einstmals prachtvoll gefüllte Regal glänzte nun durch Leere und ein Gefühl von Einsamkeit machte sich im Wohnzimmer breit. Es war, als ob den Menschen das Allerliebste genommen worden wäre. Es gibt viele Menschen, die Bücher sammeln und immer wieder darin schmökern und wieder andere lesen sie ganz, aber alle fühlen sich durch die Bücher bereichert.

Im Wohnzimmer ist es normalerweise tatsächlich „nur" eine Frage der Menge, wieviele Bücher für gutes oder schlechtes Feng Shui sorgen. Hier ist das Prinzip von Yin und Yang, von Fülle und Leere die Basis aller Entscheidungen. Werden die Bücher mehrschichtig übereinander gestapelt, so daß kein Zipfelchen an Freiraum existieren kann, so ist ein Übermaß an Fülle geschaffen worden, das nach Leere verlangt. Selbst ein reines Büchergestell, wenn es sich im Wohnzimmer befindet, verlangt nach mindestens 15 bis 30 Prozent freiem Raum, der entweder mit Dekorations-Gegenständen oder auch „mit gar nichts" ausgefüllt wird. Ideale Bücher im Wohnzimmer sind: Bildbände, Nachschlagewerke und Bücher, deren Inhalt für Entspannung und Wohlbefinden sorgen.

Im Schlafzimmer werden auch ganz gerne Bücher „gelagert", doch hier haben sie eigentlich nichts verloren. Viele Menschen lesen gerne im Bett ein paar Seiten, bevor sie einschlafen. Natürlich dürfen dieses Buch und noch eine Handvoll weiterer Titel im Schlafzimmer bleiben, doch ein Bücherregal unmittelbar neben dem Bett ist nicht nur eine Belastung für den Geist, der in der Nacht zur Ruhe kommen möchte. Genauso, wie die Hängelampe, die sich direkt über dem Kopf befindet, dem Unterbewußtsein das Gefühl einer Guillotine in Wartestellung vermittelt, bringt ein Büchergestell neben oder gar hinter dem Bett das Gefühl mit sich, daß etwas mit großer Wucht und mit viel Gewicht und scharfen Ecken und Kanten auf den Schlafenden stürzen kann.

Im Bürozimmer ist wieder eine ganz andere Situation. Hier dürfen Sie die Bücher, solange sie eingereiht (und nicht kreuz und quer gestapelt) sind, in einer nicht enden wollenden Fülle versammeln. Vergessen Sie aber dabei nicht, im Zimmer genügend Freiraum zu lassen, damit der Kreativität und der Inspiration der Weg nicht verbaut wird.

Wer liest, braucht gutes Licht (Seite 15) und natürlich spielen die Zonen, in welchen sich die Zimmer befinden, eine beträchtliche Rolle (siehe Pa-Kua, Seite 9).

Düfte

Unsere Wahrnehmungen werden von unseren sechs Sinnen (neben unseren klassischen fünf Sinnen hat die Intuition, auch innere Stimme genannt, eine zentrale Funktion) geleitet und einer davon ist der Geruchssinn. Er übt einen extrem starken Einfluß auf unser Wohlbefinden aus. Sind wir hungrig, so riechen die Düfte aus der Küche himmlisch, sind wir gesättigt, da beginnen uns die Essengerüche bereits zu stören. Im Badezimmer reagiert unser Geruchsempfinden gleichsam sensibel und spontan.

Die drei Hauptquellen von Chi-Energie sind Wärme, Licht und frische Luft. Dank regelmäßigem Lüften können wir die Sauerstoffqualität und die Frische der Luft aktiv verbessern und uns viel, viel Gutes damit tun.

Doch wir können unsere Luft nicht nur erneuern, wir können sie auch tönen, damit sie die Klangqualität erhält, die wir gerne riechen. Ätherische Öle, Diffuseure, Räucherwerk und auch künstlich hergestellte Riechsteine sind dabei unsere Hilfsmittel. Selbst die Putzmittel enthalten Riechstoffe, damit alles sauber, frisch und hell erscheint. In der Autoindustrie werden Spezialisten eingesetzt, damit der Neuwagen so lange wie möglich nach Leder, nach Luxus, nach Neu, nach Naturmaterialien und nicht nach Gummi und Klebstoff riecht.

Im Feng Shui ist es ganz wichtig zu beachten, daß jeder Raum eine andere Duftqualität wünscht. Während im Badezimmer eine stärkere Parfumierung absolut sinnvoll sein kann, so bevorzugt die Küche eher die Neutralität. Das Wohnzimmer unterliegt den individuellen Bedürfnissen der Bewohner. Die einen mögen es eher kräftig, die anderen wirken sensibler und bevorzugen ein Minimum an zusätzlichen Raumdüften. Auch im Schlafzimmer ist es sinnvoll, Düfte eher sparsam einzusetzen. Ein

Wir sind, was wir ausstrahlen

Krankenzimmer allerdings kann durch den Einsatz von Ölen eine ganz neue und erhellende Wirkung erleben. In der Partnerschaft und der Familie ist es das mindeste, tolerant und mit dem nötigen Respekt das Duftempfinden aller Bewohner zu verbinden. Es gibt Wohnungen, „die nur nach der Frau riechen", und dann ist es auch nicht verwunderlich, daß sich der Mann irgendwann einmal nicht mehr zu Hause fühlt und sich erst seelisch und dann auch als Person entfernt.

Getrocknete und parfümierte Blümchen sind nach Feng Shui absolut ungeeignet, denn Trockenblumen verkörpern das Leblose und das Tote. Dies ist in logischer Konsequenz nicht gerade der geeignete Zustand, um Räume zum Erwachen zu bringen.

Engel

In China gibt es keine Engel in der Art, wie wir sie kennen, und so werden Sie auch kaum eine Engelsfigur mit asiatischem Gesichtchen finden. Unsere Engel, unsere Schutzengel, sind in allen Lebenslagen für uns da. Die chinesischen Schutzengel haben ihre Aufgaben untereinander verteilt. So übernehmen der Drache, der Tiger, die Schildkröte, Frösche, Gnome, Steine, Löwen, Jadescheiben und viele mehr jeweils einen Teil des Aufgabenbereiches eines Schutzengels.

Auch wenn die Engel „offiziell" keine Platzberechtigung in einem Buch über chinesische Glücksbringer haben, so sind sie doch ein wichtiger Teil unserer ganz eigenen Kultur und für uns noch immer die bedeutendsten himmlischen Helfer. Interessant ist sicherlich, daß in Hongkong seit ein paar Jahren „unsere" Schutzengel mit westlichem Gesicht einen regelrechten Boom erleben. In der thailändischen Kultur sind zahlreiche Engel (mit schlanken, männlichen Körpern) zu finden.

Der beste Standplatz für alle himmlischen Helfer und Freunde ist die Zone 6, doch ein Schutzengel ist nie am falschen Platz. Wer etwas Mühe mit dem lieben Geld hat, kann auch einen himmlischen Freund in der Zone 4 aufstellen. Auch ein durch Engel behüteter Lebensweg (Zone 1) ist nicht zu verschmähen und auch die Liebe (Zone 4) kann dem Schutz der Engel anvertraut werden. Wenn Sie sich einen (oder mehrere) Engel aufstellen, achten Sie darauf, daß auch die Umgebung und die Decke einen leicht himmlischen Charakter versprüht und hell und luftig wirkt.

Fenster

Wenn sich Fenster gegenüber liegen

Fenster und auch Türen sind die Öffnungen innerhalb der Räume, die uns direkt mit der guten Kraft des Sonnenlichts verbinden bzw. die uns ermöglichen, die Räume zu betreten und wieder zu verlassen. Der erste Gedanke, daß ein Raum so viele Fenster wie möglich haben sollte (so wie ein Wintergarten) liegt daher sehr nahe, doch es gibt noch etwas mehr zu berücksichtigen: den Energie-Fluß. Liegen sich zwei Fenster gegenüber, entsteht ein Energie-Durchzug. Am besten erkennen wir diese Energiebahnen, wenn wir beide Fenster öffnen und draußen der Wind bläst. Plötzlich schlägt eines der Fenster (oder auch eine Türe) mit einem lauten Knall zu, so daß wir uns fürchterlich erschrecken.

Es gibt verschiedene Möglichkeiten, einen Energie-Durchzug zu mildern oder zu verhindern. Die einfachste Variante bei gegenüberliegenden Türen und Fenstern ist natürlich die, eines der Fenster oder eine Türe (wenn mehrere vorhanden sind) inaktiv zu machen. Oftmals können Wohnzimmer oder Küchen von zwei Seiten her betreten werden, wobei nicht selten eine der beiden Türen das Prädikat „gänzlich überflüssig" trägt. Es ist bedeutend sinnvoller, eine Türe zur Wand werden zu lassen und sie mit Möbeln zu schließen, als die Wand „zu zerstückeln" und Platz zu verschenken, obwohl man ein Küchenmöbel, ein Büchergestell, eine Eckbank oder das Sofa genau dort so schön platzieren könnte. Noch spezieller wird es allerdings, wenn es darum geht, Fenster durch das Schließen der Läden deaktiv zu setzen. Liegen eine Türe und ein Fenster genau gegenüber, so können Sie getrost das Fenster mit dem Laden Tag und Nacht geschlossen halten, wenn der Raum noch über ein oder mehrere andere Fenster verfügt.

Nicht immer kann durch das komplette Verschließen eines Fensters auch gleichzeitig die Lebensqualität innerhalb des Zimmers gehoben werden: der Raum kann auch trist und trübe werden, wenn ihm ein Fenster fehlt. Aber es gibt noch eine andere Lösung, um nicht im ständigen Energie-Durchzug leben zu müssen: Drachen-Tränen. Mit iherer enormen Kraft versperren sie der Energie den direkten Weg und leiten seinen Fluß in alle vier Winde beziehungsweise Himmelsrichtungen (vgl. auch Seite 46).

Wenn allerdings ein Zimmer nur ein Fenster und eine einzige Türe aufweist, so kann beim besten Willen nichts deaktiviert werden, weil sich dadurch das Wohlgefühl im Raum nur verschlechtern würde. Doch auch hier haben Sie natürlich wieder mehrere Möglichkeiten, um entsprechend Ihren Bedürfnissen verändern und verbessern zu können. In Kinderzimmern ist das Problem, solange die Kinder noch klein sind, eigentlich gar nicht vorhanden, auch wenn Tür und Fenster gegenüber liegen. Wenn die Kinder zu Bett gehen, wird der Fensterladen geschlossen und somit fließt die Energie nicht über den Schlafenden hinweg. Sind die Kinder am spielen, so befinden sie sich meist am Boden. Das Fenster beginnt jedoch erst in einer Höhe von 70 bis 90 cm. Die Kinder verspüren zwar über dem Kopf einen Energiedurchzug, aber sie befinden sich nicht direkt in der Schußlinie. Mobiles und leichte und bunte Windspiele passen in jedes Kinderzimmer und besänftigen den Energiefluß zwischen Tür und Fenster.

Wenn Fenster fast kein Sonnenlicht erhalten

Die Nordseite eines Hauses wird naturgemäß weniger vom Sonnenlicht verwöhnt als die Südseite. Da kann die Sonne noch so scheinen und die Fenster können noch so groß sein, der Raum wird nicht oder nur ganz kurze Zeit am Morgen vom Sonnenlicht gewärmt. Auch bei eng zusammenstehenden Häusern ist es den Sonnenstrahlen nur für ganz kurze Zeit möglich, gewisse Fenster zu erreichen. In Großstädten ist es leider oft so, daß die oberen Etagen viel Sonnenlicht erhalten, während das Erdgeschoß nur kurze Zeit die Sonne genießen kann, weil Nachbarhäuser dazwischen stehen und die Strahlen der Sonne auffangen. Mit Regenbogenkristallen können Sie die Sonnenstrahlen einfangen, und mit einem kleinen Spiegelchen auf der Fensterbank bringen Sie je nach Schräge die Sonnenenergie ganz tief in den Raum hinein.

Wenn keine Fenster vorhanden sind

Zahlreiche Wohnungen und Häuser weisen einen Raum auf, der fensterlos ist. Meist handelt es sich dabei um Abstellräumchen, Toiletten oder Badezimmer. Die gute Energie der Sonne hat in dieser Situation keinerlei Möglichkeit, den Raum zu berühren und zu erhellen. So bleibt die Energie im Zimmer gefangen, wird alt, verbraucht und schlecht. In Badezimmern und Toiletten, die ohne Fenster gebaut wurden, befindet sich meist ein Lüftungssystem, mit dem ein Luftaustausch vorgenommen werden kann. Doch das fehlende Gefühl von Weite und Licht kann mit der besten Lüftungsanlage natürlich auch nicht hergestellt werden, denn dafür ist es nicht ausgerichtet. Allerdings gibt es einen kleinen Trick, dieses Manko, das für uns spürbar ist, etwas aufzufangen und zu dämmen: wir simulieren ein Fenster an einer Wand.

Dazu brauchen Sie folgendes Material: Ein Poster, einen Fensterrahmen, etwas Klebstoff und eine Aufhängung. Um uns selbst die Illusion perfekt zu machen, muß natürlich in erster Linie das Motiv auf dem Bild passen. So könnte eine Landschaft, eine Wiese, Vögel auf den Bäumen oder Blumen auch in Wirklichkeit eine Aussicht sein. Blumen in einer Vase sind allerdings sehr unpassend, weil nirgendwo draußen, wenn man aus einem richtigen Fenster sieht, die Blumen in Vasen wachsen. Es gibt auch Poster und Bilder, die den Ausblick aus einem Fenster beinhalten und auf denen der gesamte Rahmen oder ein leicht geöffnetes Fenster (natürlich mit der sich dahinter befindlichen Landschaft) abgebildet ist. Rahmen erhalten Sie beim Trödler und wenn Häuser umgebaut werden, befinden sich ganze Mengen mit alten Fensterrahmen vor dem Gebäude.

Natürlich können Sie auch einen Fensterrahmen bei einer Fensterfirma kaufen, der Preis ist einfach etwas höher. Wenn Sie die Illusion ganz perfekt machen möchten, sind zweiteilige Fenster, die in der Mitte geschlossen werden und die zusätzlich noch das Fensterglas enthalten, die idealste Lösung. Aber alleine der Rahmen und der Griff am Fenster, um es öffnen zu können, reichen aus. Ganz wichtig ist auf jeden Fall, die Bildbezeichnung abzudecken. Meistens wird unten rechts der Name der Vertriebsfirma und der Künstler eingedruckt. So etwas entspricht natürlich in keinster Weise einem „natürlichen Blick" aus dem Fenster und muß durch den Rahmen verdeckt werden. Wenn die Aufhängung noch etwas diskret angebracht wird, entsteht so eine perfekte Illusion von einem Fenster. Zusammen mit der Lüftung im Badezimmer ergibt sich ein Gefühl, als ob die frische Luft und das Sonnenlicht tatsächlich den Raum erhellen würden.

Haustiere

Haustiere sind fröhliche Repräsentanten von guter Energie und je mehr sie an Persönlichkeit und Charakter besitzen, desto größer ist ihre Chi-Energie. Die größten Träger der aufbauenden und stärkenden Energie sind Hunde und Katzen, gefolgt von Meerschweinchen, Hamstern, Vögeln, Schildkröten und anderen. Pferde zählen nicht zu den Haustieren, dafür sind sie etwas zu groß.

Hunde

Der Hund, so sagt man, ist der beste Freund des Menschen und sofern der Besitzer sein Tier nicht malträtiert, ist dies sicherlich der Fall. Hunde sind unendlich treu und

es liegt in ihrer Natur, ihren Menschen zu beschützen und vor allem Fremden und Bösen zu bewahren. Je nach Rasse haben Hunde verschiedene Talente und Vorlieben und dank ihrer Lernfähigkeit können sie professionell zur Rettung, zum Hüten von Schafherden oder zum Bewachen von Mensch und Gut eingesetzt werden. Der beste Freund des Menschen zählt zum Element Erde und somit stärkt er sich aus den Kräften des Elementes Feuer. Schulung und Lernen entspricht 100 Prozent dem Feuerelement und so macht es Hunden Spaß, neue Dinge zu lernen. Doch nicht jeder Hundehalter will mit seinem Tier höhere Aufgaben bewerkstelligen, die meisten Menschen möchten einfach einen ganz normalen vierbeinigen Freund, der wedelt, bellt und zufrieden ist. Wenn ein

Hund nun also das Element Feuer, das ihn stärkt, nicht durch das geistige Training erhält, so kann er durch die Farbe Rot zu seinem notwendigen „Feuer-Anteil" gelangen. Die Innenseite des Halsbandes, der Schlafplatz, die spitze Form des Daches einer Hundehütte, all das kann passend nach dem Element Feuer gewählt werden.

Katzen

Katzen gehen gerne ihren eigenen Weg und lieben die Freiheit und Unabhängigkeit. Sie haben ihren eigenen Kopf und den setzen sie auch gerne durch. Genauso wie sie stundenlang durch die Gegend streunen und mit ihrer Abwesenheit glänzen, können sie verschmust und anhänglich ihren Menschen umgarnen. Katzen entsprechen im Feng Shui dem Element Metall, sie sind die Boten der Götter und werden von den Unsterblichen, den Magiern und dem Gott des Reichtums begleitet. (Man könnte fast meinen, daß sie im Auftrag der Götter herumstreunen). Sie bewachen den Reichtum, der im Element Erde schlummert und somit stärken sie sich an allen Gelb- und Brauntönen. Weil Katzen in der Nacht sehen können, gehören sie zur Yin-Energie, in der Paarungszeit allerdings werden sie bei den Chinesen den drei unvernünftigen Yang-Tieren gleichgesetzt, weil sie laut schreiend ihre Triebe leben.

Vögel

Singende Vögel bedeuten für Chinesen Glück. Wer in einem Bambus-Häuschen seinen Vogel mit sich herumträgt, der nimmt das Glück mit auf den Weg. Da die Chinesen gerne spielen und Glücksspiele, wie der Name schon sagt, vom Glück abhängig sind, versteht es sich fast von selbst, daß ein Spieler seinen Vogel mitnimmt. Aber auch frei in der Natur singende Vögel bedeuten Glück. Mit der Schönheit und der Sangeskraft der Vögel wird in China übrigens genauso geprahlt wie bei uns mit den Autos.

Bei uns leben die Vögel zu Hause in ihrem Käfig und dürfen sich oft auch in der guten Stube frei bewegen, denn der Familienanschluß ist bei uns viel enger. Bei uns sind die Haustiere Mitbewohner und das ist gut so.

Wir sind nicht nur verantwortlich für das, was wir tun, sondern auch für das, was wir nicht tun.

Fische

Fische sind in China und Japan immer ein Symbol für Reichtum und Fülle. Chinesische Goldfische sind überhaupt nicht mit der uns bekannten Art zu vergleichen, denn sie sind richtig dick und rund und bis zu 30 cm groß. Je nach Farbe werden Höchstpreise bezahlt, so kostet ein Goldfisch in Japan, wenn er den weißen Kreis der Landesfahne trägt, ein Vermögen.

Kleine Nager

Meerschweinchen und Hamster sind bei den Kindern ganz beliebte Haustiere. Die kleinen Pelztierchen (inklusive Mäuse und Ratten) sind bei den Chinesen immer ein Symbol für Charme und geistige Wendigkeit. Sie entsprechen dem Element Wasser, denn sie lieben die Gemeinsamkeit und die Kommunikation. Das Element Metall gibt ihnen Kraft und Stärke. Mit grauen oder weißen Kistchen und Käfig sowie Ausstattung aus Metall können Sie den kleinen Nagern viel Freude bereiten.

Und nun noch zu einigen Besonderheiten:

Spinnen

Für die meisten von uns sind Spinnen nicht gerade die wünschenswertesten Haustiere, und trotzdem finden sie immer wieder den Weg in unsere Wohnungen und Häuser. Bei uns sagt ein Sprichwort, daß die Spinnen „nur in guten Häusern" wohnen. In China wird eine Spinne, die sich am Faden von ihrem Netz abseilt, als ein Bote des Himmels gesehen, der Freude über die Menschen bringen wird. Wenn Sie Ihrer persönlichen Hausspinne kein „Dauerasyl" gewähren wollen, dann helfen Sie ihr beim Umzug, aber lassen Sie diesen „Boten des Himmels" leben.

Fledermäuse

Fledermäuse sind ein traditionelles chinesisches Glückssymbol, denn das chinesische Wort für Glück wie auch für die Fledermaus wird mit FU ausgesprochen. Eine Legende berichtet, daß die Fledermaus weder zum Geburtstag der Phönix noch des Einhorns erschienen sei, und beiden habe sie gesagt, daß sie weder Vogel noch Vierfüßler sei. Als die Wahrheit an den Tag kam, bewunderten alle Tiere die Verschlagenheit der Fledermaus und seither ist sie auch ein Symbol für raffiniertes Handeln.

Gäste und Besucher aus der Tierwelt

In manchen Gärten treffen sich regelmäßig Katzen, Vögel oder auch Igel, weil sie sich entweder extrem wohl fühlen, oder weil für sie gesorgt wird. Eine kleine Keramikschale kann nach einem Regen zu einem Vogeltreffpunkt werden, an dem gebadet werden kann. Ein Futterhäuschen in einem strengen Winter ist für manch ein Vogel eine ganz wichtige Adresse.

Musik

Wenn Energie erklingt, erhält sie Töne. Was uns gefällt, ist zum Teil recht unterschiedlich und auch bei der Lautstärke haben wir ziemlich verschiedene Vorlieben. Die chinesische Musik ist hauptsächlich nach geographischen Merkmalen zu erkennen, so wie bei uns ein altes italienisches Volkslied äusserst wenig Ähnlichkeiten mit dem deutschen Gesangesgut hat. Schon früh allerdings haben die Chinesen festgestellt, daß gewisse Töne, Tonfolgen, Rhythmen und Lautstärken unsere Organe beeinflussen. So entstand eine Art „therapeutisch-medizinische Musik", die heute als Feng-Shui-Musik oder Fünf-Elemente-Musik bekannt ist. Die Stimulation durch Töne ist in jeder Großkultur zu finden, aber die Chinesen haben hier sicherlich die intensivste Arbeit geleistet.

Eine weitere Form der Musik ist die Stille. Sie ist eine große, kraftvolle Energiequelle, die zu Recht ihren Platz auch in allen großen Schriften findet.

Glück ist das einzige, das sich verdoppelt, wenn man es teilt

— Sprichwort —

Danksagung

Ich möchte mich aufs Herzlichste bei allen Personen und Firmen bedanken, die mich für dieses Buch mit Feng-Shui-Artikeln, Dias und chinesischen Glücksbringern so spontan und hilfsbereit unterstützt haben.

Lo-Pan (Seite 62)
Herr Marc Häberin, nochmals herzlichen Dank für diese absolut tolle Zusammenarbeit. (Feng Shui Systems, Mühlebachstr. 171, 8008 Zürich, die Hersteller-Firma des Lo-Pan)

Diverse chinesische Glücksbringer
Vielen herzlichen Dank an Trinh Truong, der seine ganz persönlichen Glückssymbole und Dekorations-Artikel in seinem Geschäft abgehängt hat, um sie mir für das Buch zu schenken.
(Thanh Hung, Asiatische Lebensmittel, Wehntalerstraße 280, 8046 Zürich)

Kalligrafien,
gezeichnet von Großmeister Samuel Kwok, dem ich von tiefstem Herzen dankbar bin. Ein unendliches Dankeschön an Großmeister Kwok, der meine Küche in eine Kalligraphie-Zauberstube verwandelt hat und dessen Energie und Kraft seit der Entstehung der Bilder in seinen Zeichen spürbar ist.

Mobiles
Liebe Frau Kiener, vielen Dank für alle Ihre Bemühungen und die wunderschönen Mobiles die alle Ihre eigenen Kreationen sind.
(Kiener Spielwaren, Rumstal, CH 8422 Pfungen)

Räucherware (S. 69), Feng-Shui-Geschenkset (S. 86), und Zimmerbrunnen (S. 29)
Und ich danke für die Abdruckgenehmigung der wunderschönen Produktfotos von PRIMAVERA LIFE GmbH, D-87477 Sulzberg, Tel. +49-8376-8030, www.primavera-life.de, e-mail: info@primavera-life.de

Als Du auf die Welt kamst,
weintest Du,
und um Dich herum freuten sich alle.
Lebe so, daß, wenn Du die Welt verläßt,
alle weinen
und Du alleine lächelst.

– chin. Sprichwort –

Schlußwort

Nun ist dieses Buch zu Ende, und je mehr ich mich mit Glücksbringern beschäftigt habe, desto näher ist mir eine Redewendung und Lebensphilosophie geworden, die mich mein Vater gelehrt hat: „Lebe jeden Tag so, als ob es Dein letzter sei."

Denn Glück bedeutet auch, innerlich frei zu sein, niemanden gegenüber Schulden zu haben – sei es materiell oder emotional – die lieben Dinge, die man denkt, auch zu sagen, liebevoll miteinander umzugehen und die großen Werte von Toleranz, Respekt und Würde zu leben. Und so wünsche ich nun Ihnen, verehrter Leser dieses Buches, alles Glück dieser Erde.

Ihre
Brigitte Gärtner

Weitere Titel im Windpferd Verlag

Feng Shui Kalender 2001
ca. 240 Seiten, Taschenkalender, ISBN 3-89385-342-1
Der Kalender für ein erfolgreiches und glückliches Leben. Dieser Feng-Shui-Kalender bringt jeden Tag in Einklang mit den universellen Gesetzen des Feng-Shui. Spannende Beiträge populärer Feng-Shui-Berater und -Autoren sorgen für Abwechslung und stellen neueste Erkenntnisse und Trends vor. Abgeleitet aus dem Pa Kua ist – gemäß dem ältesten Buch der Welt – jedem Tag zusätzlich noch ein universelles Handlungsgesetz beigegeben.

René van Osten (Hrsg.)
I Ging Kalender 2001
ca. 240 Seiten, Taschenkalender, ISBN 3-89385-341-3
Ein Kalender, der jeden I-Ging-Anwender begeistern wird, und genau das Richtige für Menschen, die ihr Leben in Einklang mit den universellen Weisheitsgesetzen leben möchten. Für jeden Tag gibt der Kalender, entsprechend einem überlieferten System, Handlungs-Anleitungen. Außerdem finden sich hochinteressante Beiträge, neue Methoden und viel Spannendes rund um das Thema „Lebensweisheiten".

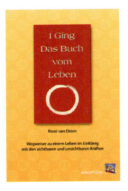

René van Osten
I Ging – das Buch vom Leben
ca. 500 Seiten, Hardcover, ISBN 3-89385-336-7
Es liegt viel Weisheit darin, das I Ging als die Mutter des Feng Shui zu bezeichnen. Ein Buch voller Kraft und Weitblick. Das Bemerkenswerte an dieser Neuausgabe sind die tiefgehenden Texte, die die Worte der alten Weisen Chinas in die Sprache unserer Zeit transportieren und den Sinngehalt so transparent wie noch nie zuvor präsentieren. René van Osten gehört zu den wenigen hervorragenden I Ging-Lehrern unserer Zeit.

Holger Soham Gerull
Lichtmanifestationen 2001
13 Motive, Format 33 x 48 cm, Wandkal. ISBN 3-89385-339-1
Die Kraft des Lichts, kosmische Strukturen, heilende Meditationsbilder, Quellen der Energie, heilige Geometrien, das alles strahlt aus den Schwingungsbildern, die jeden Raum in einen Ort der Kraft verwandeln.

Weitere Titel im Windpferd Verlag

Brigitte Gärtner
Wenn Räume erwachen
204 Seiten, ISBN 3-89385-220-4
Ein ideales Einsteigerbuch, das die vielfältige Palette an Theorie und Praxis des Feng Shui präsentiert. Viele Abbildungen, praktische Beispiele und Anwendungsvorschläge: Formen, Farben, Richtungen, Klänge. Alles dreht sich um die kraftvollen Energien und wie sie auf wundersame Weise zusammenspielen. Die ideale Ergänzung zu den „Feng-Shui-Glücksbringern". Ebenfalls von Brigitte Gärtner: „Magnete der Gesundheit".

Wilhelm Gerstung/Jens Mehlhase
Das große Feng Shui Haus- und Wohnungsbuch
240 Seiten, Großformat, ISBN 3-89385-282-4
Ein fachkundiges, umfassendes und sehr tiefgehendes Werk mit über 300 Abbildungen, das neben Feng-Shui auch die Radiästhesie berücksichtigt. Beide Autoren sind seit Jahrzehnten Feng-Shui-Fachberater. Ebenfalls von Ihnen „Das große Feng-Shui-Gesundheitsbuch".

Werner Giessing
Das richtige Pendeln
96 Seiten, Großformat, durchgehend farbig, ISBN 3-89385-328-6
Fachkundig, einführend zeigt es das, was man über das Pendel wissen muß, um immer die richtige Antwort zu erhalten. Mehr als 60 Pendel sind abgebildet, weitere Fotos illustrieren die richtigen Handhaltungen und farbige Pendeltabellen garantieren für schnelle Antworten auf wichtige Fragen und ergänzen die Fülle an Information.

Roland Rottenfußer
Mein Persönlichkeits-Feng-Shui
160 Seiten, ISBN 3-89385-301-4
Mit dem Persönlichkeits-Feng-Shui treffen Sie immer die für Sie persönlich richtige Entscheidung für Reisen, Partnerschaften und Wohnsituationen und vieles mehr. Dem System liegt das „Magische Quadrat" bzw. das Pa-Kua zugrunde. Spannend von der ersten bis zu letzten Seite.

www.windpferd.com

Adressen und Bezugsquellen

Der Leserservice des Windpferd Verlages stellt eine Liste mit Bezugsquellen/ Anbietern von Feng-Shui-Artikeln im Internet zur Verfügung:
www.windpferd.com

Auf unserer Homepage finden Sie den Button „Service-Adressen", der Sie dann zu der Info-Liste des Titels „Feng-Shui-Glücksbringer" leitet. *Bitte* rufen Sie nicht an, dieser Service steht *nur* per Internet zur Verfügung.

Feng Shui Artikel

Regenbogen-Kristalle

*100% frei von Blei
Original chinesische Feng-Shui Artikel aus ausschliesslich reinem Kristallglas, das keine Schwere in den Raum zieht. Glatte und geschliffene Kugeln sind von 60 bis 200 mm erhältlich und zahlreiche Hänger, Fensterbilder, Drachentränen und Kristallschnüre stehen zu Ihrer Auswahl.*

Windglockenspiele

Ab 8,5 cm Grösse sind bereits Mini-Windglockenspiele in 4 Farben erhältlich. Über 20 Modelle mit Delphinen, Engeln, Einhörnchen, Schmetterlingen, Elfen sowie in Holz können wir Ihnen zur Auswahl anbieten.

Pa-Kua-Spiegel

Pa-Kua-Spiegel für das Zuhause im klassischen Stil über die Rückseite nach Vorne beschriftet, Text mit Trigrammen, chinesischem und deutschem Text. Perfekte, schöne und elegante Ausführung und Verarbeitung. Diverse Modelle stehen Ihnen zur Auswahl.

Sie erhalten bei uns ausschließlich ausgewählte, geprüfte und kontrollierte Feng-Shui-Artikel.

Fragen Sie Ihr Esoterik-Fachgeschäft oder schreiben Sie an:

Schweiz:
HKP Zürich
Esoterik & Geschenke
Magdalenenstr. 53
8050 Zürich
Tel. 01 – 312 04 04
Fax: 01 – 312 04 12

Deutschland:
Esoterik & Geschenke
Werner Giessing
Brunnenstr. 46
34537 Bad Wildungen
Tel. 0 56 21 – 960 310
Fax: 0 56 21 – 960 311

Der Fachhandel wird selbstverständlich direkt beliefert.

Die beliebteste deutschsprachige Feng-Shui-Adresse im Web

www.feng-shui.de

- Grundlagen
- Anwendungen
- Aktuelles

- Seminartermine
- Berater
- Diskussionsforum

Kontakt: info@feng-shui.de

Ausgewählte Feng-Shui-Acessoires wie die schützende Fu-Schildkröte, Drachenskulpturen, Glücksmünzen, Werkzeuge, Windspiele und vieles mehr finden Sie in unserem Online-Shop.

Die "Fu-Drachen-Schildkröte" ist ein traditioneller chinesischer Glücksbringer. Sie sitzt auf einem Haufen chinesischer Münzen sowie 18 Goldbarren, die auch als *Yuen Pao* (das Geld der Reichen) bekannt sind.
Der Fu-Drachenkopf (*Fu* = Glück) versinnbildlicht Glück und Erfolg, die Schildkröte steht für Langlebigkeit und Neubeginn (kleine Schildkröte auf dem Rücken).

Kein Internetanschluß?
Fordern Sie den kostenlosen Katalog unseres Versenders an:

Amrita-Versand
Poststrasse 3
D-79098 Freiburg
Tel.: 07 61/2 96 69 10
Fax: 07 61/2 96 69 60
Email: info@amrita.de